FIT FOR

BUSINESS

W0034571

Weiterführend empfehlen wir in der gleichen Reihe:

Wirkungsvolle Mahnbriefe
ISBN 3-3029-4597-2

Ratgeber Inkasso
ISBN 3-8029-4617-0

**Schnellkurs
Management-Assistenz**
ISBN 3-8029-4622-7

**Frisch gegründet –
selbstständig bleiben**
ISBN 3-8029-4603-0

Praxiswissen für junge Chefs
ISBN 3-8029-4616-2

**Businessplan
für Existenzgründer**
ISBN 3-8029-4570-0

Zur Autorin:
Bärbel Wedmann, selbstständige Trainerin und Coach, ist Inhaberin des Fachinstituts für Management, Schwerpunkt Assistenz und Korrespondenz. Erfolgreiche Autorin mehrerer Fachbücher; seit mehr als 25 Jahren bundesweit sowie in Österreich, Italien und Russland tätig für Industrie- und Handelskammern, namhafte Wirtschaftsakademien und Dachverbände.

Wir freuen uns über Ihr Interesse an diesem Buch. Gerne stellen wir Ihnen zusätzliche Informationen zu diesem Programmsegment zur Verfügung. Bitte sprechen Sie uns an:

E-Mail: walhalla@walhalla.de
http://www.walhalla.de

Bärbel Wedmann

Geschäftsbriefe geschickt formulieren

- Freundlich und gewinnend, aber bestimmt
- Briefe für schwierige Fälle

FIT FOR BUSINESS

Bibliografische Information Der Deutschen Bibliothek

Die Deutsche Bibliothek verzeichnet diese Publikation in der Deutschen Nationalbibliografie;
detaillierte bibliografische Daten sind im Internet über http://dnb.ddb.de abrufbar.

Zitiervorschlag:
Bärbel Wedmann, Geschäftsbriefe geschickt formulieren
Fit for Business, Regensburg, Berlin 2003

3., aktualisierte Auflage

© Walhalla u. Praetoria Verlag GmbH & Co. KG, Regensburg/Berlin
Alle Rechte, insbesondere das Recht zur Vervielfältigung und Verbreitung
sowie der Übersetzung, vorbehalten. Kein Teil des Werkes darf in
irgendeiner Form (durch Fotokopie, Datenübertragung oder ein anderes
Verfahren) ohne schriftliche Genehmigung des Verlages reproduziert oder
unter Verwendung elektronischer Systeme gespeichert, verarbeitet,
vervielfältigt oder verbreitet werden.
Produktion: Walhalla Fachverlag, 93042 Regensburg
Umschlaggestaltung: Calla Design Gruppe, Regensburg
Druck und Bindung: Westermann Druck Zwickau GmbH
Printed in Germany
ISBN 3-8029-4634-0

Nutzen Sie das Inhaltsmenü:
Die Schnellübersicht führt Sie zu Ihrem Thema.
Die Kapitelüberschriften führen Sie zur Lösung.

Schnellübersicht

Schnellübersicht

Nichts ist wichtiger als Kommunikation!

Kommunikation ist eine Frage des Lebens und Überlebens in allen Unternehmen. Um miteinander korrekt zu kommunizieren, muss man wissen, dass der Geschäftsbrief im heutigen Management wesentlich zum Unternehmenserfolg beiträgt.

Ein Geschäftsbrief, der immer auch eine Visitenkarte des Unternehmens ist, muss durch seine korrekte Form und den sachlichen Inhalt wirken. Er sollte mit kurzem, klarem Text in freundlicher Sprache abgefasst sein.

Der korrekte Geschäftsbrief hat auch etwas mit Diplomatie zu tun. Manches wird zwischen den Zeilen gesagt. Dafür bedarf es unbedingt präziser Formulierungen.

Wichtig ist allerdings, dass die Höflichkeit durch die Kürze nicht beeinträchtigt wird. Manchmal ist ein schmückendes Beiwerk nötig, wenn eine bestimmte Nuance übermittelt werden soll.

Fingerspitzengefühl und Takt sind gefragt

In der Geschäftskorrespondenz spielt der Takt eine große Rolle. Mancher Abschluss ist nur wegen einer ungewollten Taktlosigkeit nicht zustande gekommen. Schmeicheleien und jede Form von Anbiederung wirken peinlich und sind daher zu vermeiden. Etwa als Auflockerung gedachte Sprüche, Banalitäten oder neckische Bemerkungen sind unangebracht und meist kontraproduktiv.

Ziel dieses Buchs

In diesem Arbeitsbuch ist, sozusagen als Warnung, auch der schlechte Stil angedeutet: Die leeren Phrasen und Worthülsen, die durch Gewohnheit und Bequemlichkeit „althergebracht" sind.

Vorwort

Der zeitgemäße Briefstil bildet den Schwerpunkt dieses Buches. Er soll zur Gewohnheit werden und modernen Unternehmen sowie ihrem Führungsnachwuchs bei der Rationalisierung ihrer Schreibarbeit und im Schriftverkehr als Grundlage für einen erfolgreichen Geschäftsabschluss dienen. Moderne Textverarbeitung verlangt zeitgemäße und niveauvolle Briefe!

Beachten Sie, dass die folgenden Musterbriefe nur Formulierungsvorschläge enthalten, die von Ihnen individuell geändert werden können – für jede Situation: passend, treffsicher, anspruchsvoll.

Noch eine Anmerkung

Mein Sohn Bernd hat sich mit 33 Jahren seinen Traum erfüllt, selbstständig und damit sein eigener Chef zu sein.

Er hat bei seinem unermüdlichen, harten Aufbau gerade in der mündlichen und schriftlichen Kommunikation erfahren, dass besonders in der täglich anfallenden Korrespondenz Inhalt und Recht nahe beieinander liegen – nach dem Motto: Wer schreibt, der bleibt.

So möchte ich mit meinem Ratgeber auch die karriereorientierte junge Generation unterstützen.

Bärbel Wedmann

Dank

Mein besonderer Dank gilt der Management-Assistentin Ingrid Knöpfle, Biberbach.

So schreiben Sie „First-Class"-Geschäftsbriefe

1

Moderne Briefkultur im Unternehmen

Ein Geschäftsbrief, der immer auch eine Visitenkarte der Firma ist, muss durch seine korrekte Form und den sachlichen Inhalt wirken. Er sollte in kurzem, klarem Text in freundlicher Sprache abgefasst sein. Bekannte Tatsachen werden nicht wiederholt, alle Fragen werden beantwortet und unnötige Phrasen oder Floskeln weggelassen.

Sie schreiben nicht mehr: „Wir nehmen höflichst Bezug auf Ihr Schreiben vom ..." sondern einfach: „Vielen Dank für Ihren Brief/ Ihre Anregung etc.". Das klingt freundlicher und persönlicher. Betrachten Sie jeden Briefwechsel als Dialog, dann fällt es Ihnen leichter, klar und verständlich zu formulieren. Redewendungen, die Sie im Gespräch nicht benutzen würden, sollten auch nicht geschrieben werden. Niemand beendet ein Gespräch mit den Worten: „Ich hoffe, Ihnen hiermit gedient zu haben." Oder etwa: „Ihrer Rückantwort mit Interesse entgegensehend." Warum so gestelzt schreiben? Über solche Phrasen lächelt man heute. Sie passen nicht in ein modernes Firmenbild.

Wichtig: Wiederholen Sie in einem Antwortschreiben nicht, was der Briefpartner geschrieben hat. Das weiß er. Gehen Sie auf seine Fragen vollständig ein. Jede nicht beantwortete Frage verursacht neuen Schriftwechsel, der ja gerade vermieden werden soll. Die meisten Briefe lassen sich um ein Drittel oder mehr kürzen, wenn alle überflüssigen Redewendungen gestrichen werden. Welche Rationalisierung der Schreibarbeit!

Praxis-Tipp:

Die Höflichkeit darf unter der Kürze nicht leiden, und manchmal ist schmückendes Beiwerk nötig, wenn eine bestimmte Nuance übermittelt werden soll. Denn wie in der Diplomatie, wird manches auch in Geschäftsbriefen zwischen den Zeilen gesagt, und dafür bedarf es präziser Formulierungen.

Gelegentlich schreibt man Briefe an einen Geschäftspartner, der persönlich näher bekannt ist oder dessen Vorlieben, Kontakte oder Schwächen man kennt. Hier ist Vorsicht und größte Zurückhaltung geboten. Denn auch in der Geschäftskorrespondenz spielt der Takt eine große Rolle. So mancher Abschluss ist wegen einer Taktlosigkeit nicht zustande gekommen.

Achtung: Schmeicheleien und jede Form von Anbiederung wirken peinlich und sind daher zu vermeiden. Etwa als Auflockerung gedachte Sprüche, Banalitäten oder neckische Bemerkungen sind eher unangebracht.

Unternehmenssprache als Teil der Corporate Identity

Die Unternehmenssprache als Element der Unternehmensidentität wird kaum beachtet. Die Fassade der Korrespondenz, das Layout, wird modernisiert, gestylt. Dabei bleibt der gedankliche und sprachliche Inhalt, wie er war. Er ist stehen geblieben bei der Typenhebelmaschine aus den 50er Jahren. Mit dem Einsatz hochkarätiger Technik wird munter weiterhin formuliert: „Unter Bezugnahme auf Ihr Schreiben teilen wir Ihnen mit, dass …" oder „Guten Tag, wir nehmen Bezug auf das heutige Telefongespräch mit dem Schreibenden …"

Praxis-Tipp:

- Alte Korrespondenzgewohnheiten zu überwinden, kostet einige Anstrengungen.
- Der bisherige Korrespondenzstil kann nur geändert werden, wenn die Führungskräfte erkennen, wie gut oder schlecht ihre Unternehmenssprache ist.

Die Entwicklung des heutigen Briefstils

Altes Kaufmannsdeutsch der 20er und 30er Jahre

„Ihren Allerwertesten in meinen Händen haltend, beehre ich mich, Ihnen mitzuteilen …"

„Ihr Gestriges kreuzte sich mit meinem Heutigen."

Nach wie vor verwendetes Kaufmannsdeutsch der 50er und 60er Jahre

„Vielen Dank, dass Sie den Unterzeichner am o. g. Tag so freundlich empfangen haben."

„Wir bestätigen dankend den Erhalt Ihres Schreibens vom … und teilen Ihnen mit, dass …"

„Wir bitten Sie höflichst, …"

Geschäftsstil im Jahr 2001

„Vielen Dank für Ihr Schreiben. Gerne informieren wir Sie …"

„Das Telefongespräch mit Ihnen war für mich sehr informativ."

„Wir bitten Sie, …"

Beispiele für sprachliche Grundregeln	
Alt	**Neu**
Wir bitten Sie um baldige Nachricht, welchen Weg Sie beschreiten möchten, um die Angelegenheit möglichst problemlos und für uns beide am sinnvollsten zu erledigen.	Bitte informieren Sie uns so schnell wie möglich/sofort, wie Sie diese Angelegenheit klären möchten.

noch: Beispiele für sprachliche Grundregeln

Alt	Neu
Gewiss haben Sie den/die fälligen Posten der Aufstellung übersehen. Sollten Unstimmigkeiten bestehen oder sollte Ihnen der Beleg fehlen, wenden Sie sich bitte an unsere Buchhaltung.	Sie haben den/die fälligen Posten der Aufstellung sicher übersehen. Sollte Ihnen der Beleg fehlen oder ein Missverständnis vorliegen, informieren Sie bitte sofort unsere Buchhaltung.
Die Zahlungsfrist ist gemäß den vereinbarten Konditionen abgelaufen. Wir ersuchen Sie ebenso höflich wie dringend, die nachstehenden Rechnungen baldmöglichst zu überweisen.	Bitte überweisen Sie die aufgeführten Rechnungsbeträge nach den vereinbarten Konditionen innerhalb … (Frist setzen).
Betrachten Sie diesen Brief als gegenstandslos, wenn sie die Regulierung bereits vorgenommen haben.	Bitte vergessen/übergehen Sie dieses Mahnschreiben, wenn Sie die Rechnung schon bezahlt haben.
Wir hoffen abschließend auf eine zügige und sorgfältige Ausführung der Arbeiten und verbleiben …	Werden Sie unseren Auftrag schnell und sorgfältig ausführen?
In Erwartung einer baldigen Rückmeldung verbleiben wir …	Bitte rufen Sie uns sofort an/ Wir erwarten Ihre Nachricht. MfG
Wir hoffen, Ihnen mit o. g. Angaben gedient zu haben und verbleiben …	Helfen Ihnen diese Informationen weiter? MfG

Kundenorientiertes Formulieren

Moderne Textverarbeitung verlangt zeitgemäße Texte. Der Brief ist ein Dialog: sachlich, kurz, präzise.

Kleine Stilkunde		
Stil	**Brief**	**Wirkung**
Man-Stil	man	unpersönlich verallgemeinernd wenig engagiert unsicher
Wir-Stil	wir unser Haus	verunsichernd unpersönlich meinungslos amtsmäßig
Ich-Stil	ich	überzeugend sicher dynamisch
Sie-Stil	Sie	persönlich abschlussorientiert positiv kundenorientiert
Wir-Stil	Kunden + Berater wir beide wir gemeinsam	verbindlich persönlich vertraulich

Achtung: Verbleiben Sie nicht länger, wie hochachtungsvoll auch immer, und sehen Sie nicht länger der Erwartung entgegen. Bitten Sie nicht höflich. Wer bittet, ist höflich genug.

Schreiben Sie nicht:

- In der Anlage … (in der Anlage wachsen Blumen!)
- Beiliegend erhalten Sie … (man liegt im Bett bei jemandem)

Besser ist:

- Aus unserem gesamten Lieferprogramm erhalten Sie …

- Diesem Schreiben ist … beigefügt.

- Ihre Ausschreibungsunterlagen erhalten Sie mit diesem Schreiben.

Beispiele für sprachliche Grundregeln	
Alt	**Neu**
■ Vermeiden Sie Doppelausdrücke	
Die entstandenen Kosten werden wir tragen.	Die Kosten werden wir tragen.
Wie Sie vermutlich erfahren haben dürften.	Sie haben sicher erfahren …
■ Das Aktiv wirkt lebendiger als das Passiv	
Die noch fehlende Software wird Ihnen zugeschickt.	Die Software erhalten Sie in den nächsten Tagen.
Die Waren konnten von uns noch nicht abgeschickt werden.	Wir konnten die Waren noch nicht abschicken.
■ Setzen Sie den „Sie"-Stil ein	
Wir senden Ihnen …	Sie erhalten …
Leider haben wir … übersehen und bitten um Entschuldigung.	Bitte entschuldigen Sie die verspätete Antwort. Wir vergaßen …

noch: Beispiele für sprachliche Grundregeln

Alt	Neu
■ Vermeiden Sie Schachtelsätze und Einschübe	
Wir bitten Sie, dass Sie die Zahlungsfrist, die wir vereinbart haben, unbedingt einhalten.	Bitte halten Sie die vereinbarte Zahlungsfrist unbedingt ein.
Da wir auf unser Angebot nichts von Ihnen hörten, haben wir nicht mehr damit gerechnet, dass Sie noch bestellen würden.	Sie haben auf unser Angebot nicht geantwortet. Daher haben wir nicht mehr mit Ihrer Bestellung gerechnet.
■ Verwenden Sie Verben, Substantive wirken gestelzt	
in Auftrag geben	bestellen
einer Prüfung unterziehen	prüfen
in Rechnung stellen	berechnen
zum Versand bringen	versenden
in Kenntnis setzen	informieren

Acht Grundregeln für einen guten Briefstil: Kurz – präzise – sachlich

Wenn Sie folgende Grundregeln beachten und wissen, welche Formulierungen Sie aus Ihrem Wortschatz streichen sollten, können Sie sich einen guten und zeitgemäßen Briefstil aneignen, der zu Ihrer persönlichen Kompetenz passt.

■ Grundsätzlich fängt *kein* Brief mit „Wir" an.

■ Formulieren Sie die Anrede höflich und individuell. Wenn Ihnen die korrekte Anrede des Empfängers nicht bekannt ist, verwenden Sie die allgemein gebräuchliche Redewendung.

■ Die Einleitung soll wirklich nur eine Einleitung sein. Kommen Sie ohne Umschweife zur Sache!

■ Verwenden Sie knappe Sätze und treffende Ausdrücke. Der Empfänger muss die Sätze nach einmaligem Durchlesen verstehen.

■ Lösen Sie Schachtelsätze in kürzere Sätze auf!

■ Verwenden Sie lange Sätze nur, wenn sie Ihnen selbst noch durchsichtig bleiben!

■ Variieren Sie die Satzlänge. Ein kurzer Satz kann selbst einen langatmigen Abschnitt beträchtlich auflockern. Unterschiedliche Satzlängen wirken abwechslungsreich und vermeiden Langeweile.

■ Vermeiden Sie:

  – Wortwiederholungen (z.B. Rückantwort, das geführte Telefongespräch)

  – Füllwörter (z. B. durchaus, wohl, irgendwie)

  – Redewendungen wie „Es dürfte angebracht sein" oder „Wie Ihnen sicher bekannt ist".

  – mindernde Floskeln (z. B. etwa, fast, wie mir scheint)

  – Steigerungswörter (z. B. sehr, voll und ganz, gänzlich)

  – Verhältniswörter (z. B. seitens, zwecks, betreffs)

  – nichts sagende Eigenschaftswörter (z.B. ein entsprechendes Angebot)

  – Streckzeitwörter (z. B. in Abzug bringen, Sorge tragen)

Streichen Sie diese Formulierungen aus Ihrem Wortschatz!

Mit Bezug auf
Wir nehmen Bezug auf
Bezug nehmend auf
Wir beziehen uns auf
Unter Bezugnahme auf

In Erledigung Ihres Schreibens
In Beantwortung Ihres Briefes

Gemäß den
Laut den
Wir bestätigen dankend den Erhalt
Wir teilen Ihnen mit, dass
Wir erlauben uns
Wir dürfen uns erlauben
Sie gestatten uns, Sie darauf aufmerksam zu machen, dass
Wir möchten Sie darauf hinweisen, dass
Wir bitten Sie höflichst

In der Anlage schicken wir
Beigefügt erhalten Sie ... zu unserer Entlastung wieder zurück
Beiliegend erhalten Sie
Sie erhalten heute beiliegend
Anbei erhalten Sie ... mit der Bitte
Anliegend übersenden wir Ihnen
Übersenden wir Ihnen beiliegend

Im Nachgang zum o. g. Auftrag bieten wir
Zur Begleichung Ihrer Rechnung haben wir
Ihre o.g. Einsendung haben wir erhalten und bedauern
Nach Überprüfung der
Die in Ihrer Bestellung aufgeführten

Danken wir Ihnen im Voraus und verbleiben
Und verbleiben in Erwartung Ihrer geschätzten Rückantwort
Wir danken für Ihr Verständnis und verbleiben
Wir würden uns freuen, Ihren Auftrag zu erhalten und verbleiben
Wir hoffen, Ihnen hiermit gedient zu haben und verbleiben
Zur Beantwortung weiterer Fragen stehen wir Ihnen gerne
zur Verfügung

noch: Streichen Sie diese Formulierungen aus Ihrem Wortschatz!

Im Zuge eines
Zum einen …, zum anderen
Im Fall eines
Zusammenfassend ist festzustellen, dass
Als Beispiel sei genannt
Die Begründung ist folgende

Gezeigte Leistung
Gemachte Erfahrung
Geführtes Telefongespräch
Gehabte Unterhaltung
Anfallende Korrespondenz
Angefragte Ware

Leider … zu unserem Bedauern
Bereits … schon
Wieder … erneut
Speziell … nur
Z. B. … usw.
In der Lage sein … zu können

Rückantwort
Ihrer baldigen/geschätzten Rückantwort entgegensehend
Wenn Sie Ihrerseits
Von Seiten unseres Mitarbeiters
Zu Ihrer gefälligen Kenntnisnahme
Für Rückfragen stehen wir jederzeit zur Verfügung

Seitens
Anlässlich
Zwecks
Ungeachtet
Betreffs
Vermittels
Gelegentlich
Bezüglich
Buchung vornehmen
Anordnung geben

noch: Streichen Sie diese Formulierungen aus Ihrem Wortschatz!

In Erinnerung bringen
In Abzug bringen
Sorge tragen
Vorsorge treffen
Zustimmung geben
In Rechnung stellen
In Erwägung ziehen
Zum Versand bringen
Erkundigung einziehen
Anfrage richten
In Augenschein nehmen
Einer Prüfung unterziehen

Hier taucht in allen Korrespondenz-Seminaren sofort die Frage auf: „Welche Sätze benutzt man an Stelle der althergebrachten Formulierungen?"

Praxis-Tipp:

Versuchen Sie Ihre Einleitungs- und Schlusssätze in Dialogform zu gestalten: nicht kompliziert, aber anspruchsvoll.

In der folgenden Liste finden Sie einige Beispielsätze für Einleitung und Schluss.

Moderne Formulierungsvorschläge

- **Einleitungssätze – mit der Information starten**
  Ihre Verärgerung über die verspätete Lieferung ist verständlich …
  Hier ist der Bericht, den Sie so dringend benötigen.
  Sie haben uns mit Ihrem Hinweis eine Menge Arbeit erspart. Vielen Dank.
  Ihre Fragen haben wir sofort geprüft. Hier die Antworten, die Sie benötigen.
  Bitte entschuldigen Sie die verspätete Antwort. Vorab war noch einiges zu klären.
  Über Ihre schnelle Antwort haben wir uns sehr gefreut.

noch: Moderne Formulierungsvorschläge

Für Ihren Brief/Ihr Schreiben vom … vielen Dank.

Ihr Brief hat uns gezeigt, dass …

Das Telefongespräch mit Ihnen war sehr informativ für mich.

Wir unterstützen Sie gerne bei Ihrem Projekt. Hier unsere Vorschläge: …

- **Schlusssätze – die Schlussinformation als Steuerungsinstrument**

  Über Ihre zustimmende Entscheidung freuen wir uns sehr.

  Ich freue mich auf unser Gespräch. Sicher wird es ein interessanter Gedankenaustausch.

  Die noch offenen Fragen können wir im Gespräch mit Ihnen klären.

  Ihre Interessen und Wünsche werden unsere ganze Aufmerksamkeit finden.

  Haben Sie noch Fragen? Bitte rufen Sie mich an.

  Helfen Ihnen unsere Informationen weiter?

  Wir freuen uns auf einen langjährige Zusammenarbeit.

  Wenn wir eine Nachricht von … erhalten haben, melden wir uns selbstverständlich bei Ihnen.

  Sie erhalten den Betrag in den nächsten Tagen.

  Wir können gut verstehen, dass Ihnen diese Entscheidung nicht gefällt. Aber bitte verstehen Sie auch unsere Situation.

Praxis-Tipp:

- Ein perfekter Geschäftsbrief sorgt für ein positives Image auf dem Markt. Er trägt entscheidend zum Erfolg von Geschäftsverhandlungen oder Kundenbindungen bei.

- Nutzen Sie dieses kostenlose Marketinginstrument und sorgen Sie dafür, dass Ihre Mitarbeiter mit einem höflichen und zeitgemäßen Stil wesentlich schneller und erfolgreicher an ihr Ziel kommen als mit einem althergebrachten Briefstil.

Zahlreiche Musterbriefe – von Werbebrief, Mahnung über Anfragen bis hin zu feierlichen Anlässen – finden Sie in den Kapiteln 3 und 6.

Auch Formvorschriften gehören dazu!

In der Praxis können Sie nicht immer davon ausgehen, dass Geschäftsvordrucke genau den DIN-Normen entsprechen. Im Folgenden sind zwei Formblätter nach DIN 676 mit den entsprechenden Angaben der DIN 5008 als Orientierungshilfe abgedruckt, damit Sie Ihre Geschäftsbriefe problemlos und professionell gestalten können.

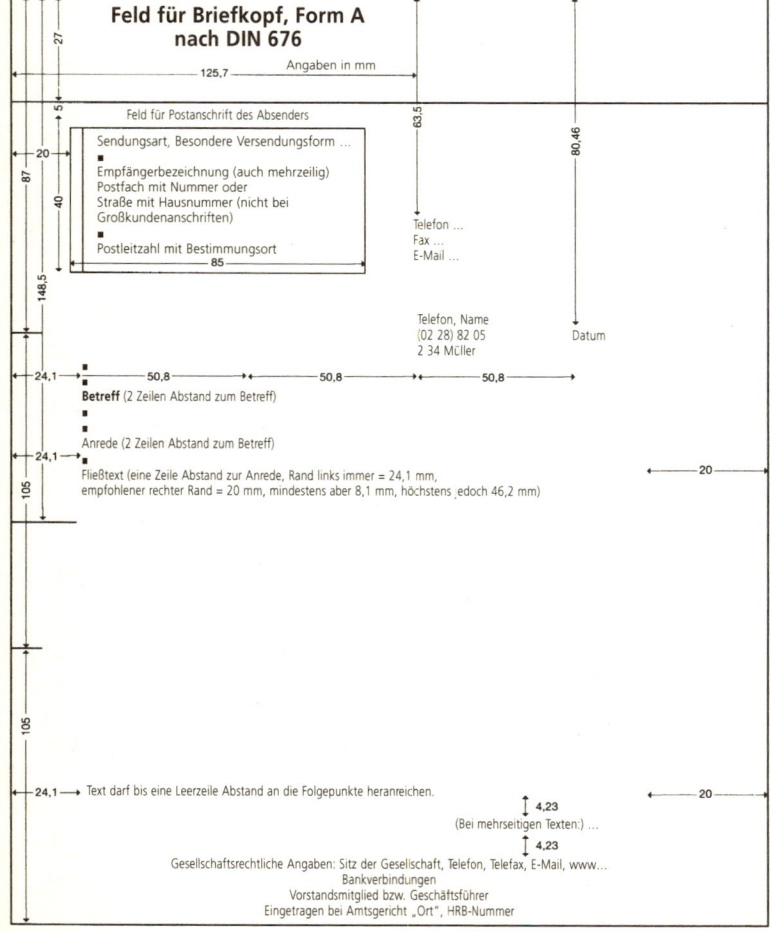

Feld für Briefkopf, Form A
nach DIN 676

Angaben in mm

Feld für Postanschrift des Absenders

Sendungsart, Besondere Versendungsform ...

Empfängerbezeichnung (auch mehrzeilig)
Postfach mit Nummer oder
Straße mit Hausnummer (nicht bei
Großkundenanschriften)

Postleitzahl mit Bestimmungsort

Telefon ...
Fax ...
E-Mail ...

Telefon, Name
(02 28) 82 05
2 34 Müller

Datum

Betreff (2 Zeilen Abstand zum Betreff)

Anrede (2 Zeilen Abstand zum Betreff)

Fließtext (eine Zeile Abstand zur Anrede, Rand links immer = 24,1 mm,
empfohlener rechter Rand = 20 mm, mindestens aber 8,1 mm, höchstens jedoch 46,2 mm)

Text darf bis eine Leerzeile Abstand an die Folgepunkte heranreichen.

(Bei mehrseitigen Texten:) ...

Gesellschaftsrechtliche Angaben: Sitz der Gesellschaft, Telefon, Telefax, E-Mail, www...
Bankverbindungen
Vorstandsmitglied bzw. Geschäftsführer
Eingetragen bei Amtsgericht „Ort", HRB-Nummer

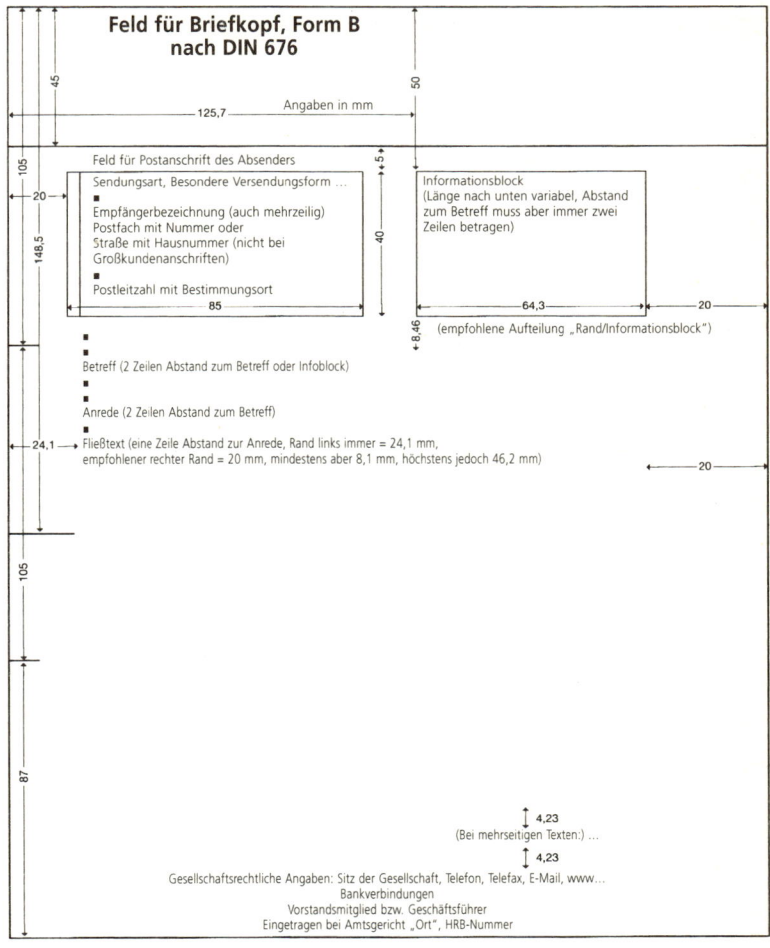

**Feld für Briefkopf, Form B
nach DIN 676**

45

50

125,7 — Angaben in mm

105

Feld für Postanschrift des Absenders

5

Sendungsart, Besondere Versendungsform …

20

■

Empfängerbezeichnung (auch mehrzeilig)
Postfach mit Nummer oder
Straße mit Hausnummer (nicht bei
Großkundenanschriften)

148,5

40

■

Postleitzahl mit Bestimmungsort

— 85 —

Informationsblock
(Länge nach unten variabel, Abstand
zum Betreff muss aber immer zwei
Zeilen betragen)

— 64,3 — 20

8,46

(empfohlene Aufteilung „Rand/Informationsblock")

■
■

Betreff (2 Zeilen Abstand zum Betreff oder Infoblock)

■
■

Anrede (2 Zeilen Abstand zum Betreff)

■

24,1 → Fließtext (eine Zeile Abstand zur Anrede, Rand links immer = 24,1 mm,
empfohlener rechter Rand = 20 mm, mindestens aber 8,1 mm, höchstens jedoch 46,2 mm)

20

105

87

↕ 4,23
(Bei mehrseitigen Texten:) …

↕ 4,23
Gesellschaftsrechtliche Angaben: Sitz der Gesellschaft, Telefon, Telefax, E-Mail, www…
Bankverbindungen
Vorstandsmitglied bzw. Geschäftsführer
Eingetragen bei Amtsgericht „Ort", HRB-Nummer

Empfehlungen zur DIN 5008

- Datum:
  07.12.2003
  07.12.03
  7. Dezember 2003
  2003–12–07 ⎫ heute sehr gebräuchlich, auch
  03–12–07 ⎭ auf internationaler Ebene

- Diktatzeichen:
  Chef=wed, Assistentin=TOS,
  Lösung=wed-tos

- EURO:
  EUR oder Cent=ct

- Fax:
  Mit Vorwahl: 08856 933056
  Mit Durchwahl: 08856 933056-14
  Auslandsangabe: +49 8856 933056

- Währung:
  Mit Punkt 437.250   1.900 EUR

- Informationsblock:
  Firmenbezeichnung
  Adresse, Telefon, Fax, E-Mail, Internet
  Es schreibt Ihnen: …
  Sie korrespondieren mit …
  Ansprechpartnerin/Ansprechpartner …
  Sachbearbeiterin/Sachbearbeiter …
  Datum

- Unterschriften:
  Nach Textende 2 x schalten

Mit freundlichen Grüßen	Freundliche Grüße
2 x schalten	2 x schalten
Maschinenfabrik	Maschinenfabrik
August Zahn GmbH	August Zahn GmbH
2 x schalten	2 x schalten
ppa.	i. V. (in Vollmacht)
2 x schalten	2 x schalten
Anton Müller	Assistentin der Geschäftsführung
Prokurist	(Hinweis: GmbH = Geschäftsführung)
Anlagenvermerk:	Nach Grußformel
	2 x schalten
	Anlage (fett schreiben; mehrere
	Anlagen darunter aufführen)

Anrede, Titel, Anschrift – korrekt und zeitgemäß

2

Persönliche Anrede

Bei der persönlichen Begegnung spielt die zeitgemäße Anrede eine wichtige Rolle. Darüber hinaus ist sie ein wesentlicher Bestandteil des gesamten Schriftwechsels.

Die korrekte Anschrift ist die Basis eines reibungslosen Schriftverkehrs. Anrede und Anschrift gehören zusammen. Nur für die Form gelten unterschiedliche Richtlinien.

Anschrift

Bei der Anschrift werden Stand und Rang des Empfängers berücksichtigt:

Anrede + Berufsbezeichnung
Akademische Titel, Grade + Name

> Herrn Generaldirektor
> Dipl.-Ing. Friedrich Jermann

> Herrn Architekten
> Jens Müller

Briefhülle und Anschreiben

In die Anschrift, auf Briefhülle und Geschäftsbogen werden alle Titel gesetzt:

> Herrn Polizeipräsidenten
> Dr. Uwe Langenfeld

In der Anrede verwendet man dagegen meist nur den wichtigsten Titel:

> Sehr geehrter Herr Polizeipräsident

oder:

> Sehr geehrter Herr Polizeipräsident
> Dr. Langenfeld

Akademischer Titel und berufliche Position

In der Anschrift tritt der Doktortitel als Abkürzung und meist auch in Verbindung mit der Fakultät auf:

> Herrn Dr. jur. Reinhard Metzner

In der Anrede entfällt die Angabe der Fakultät. Man schreibt:

> Sehr geehrter Herr Dr. Metzner

Besitzt der Empfänger mehrere Doktortitel, so kommt dies in der Anschrift zum Ausdruck:

> Herrn Dr. Dr. Karl Dobermann

In der Anrede schreibt man nur einen Doktor:

> Sehr geehrter Herr Dr. Dobermann

Bei Hinzusetzung der Fakultät:

> Herrn Dr. med. univ. Hans Steinleitner

Die Anrede aber lautet:

> Sehr geehrter Herr Dr. Steinleitner

Geht ein Beamter in Pension, findet man in der Anschrift hinter seinem Titel den Hinweis „a. D." (außer Dienst) oder „i. R." (im Ruhestand). In der Anrede wird selbstverständlich dieser Zusatz nicht verwendet.

Wichtig: Der Titel „Professor" wird in der Anrede ohne Hinzusetzung des Namens gebraucht und – ebenso wie der Titel „Direktor" – nicht abgekürzt.

Auch in der Anschrift wird der Titel „Professor" ausgeschrieben. Wird er in Verbindung mit dem Doktortitel gebraucht, so entfällt bei diesem die Angabe der Fakultät:

> Herrn Professor Dr. Heinz Meier

> Sehr geehrter Herr Professor

Achtung: In jede Anschrift gehört die gesamte Rangbezeichnung:

> Herrn Generaldirektor
> Dr. Wolfgang Freiherr von Stein

oder:

> Herrn Generaldirektor
> Johann Schwarzkopf

Das bedeutet jedoch nicht, dass die Anrede nur heißen muss:

> Sehr geehrter Herr Generaldirektor

Diese richtet sich nach dem Verhältnis der Chefin/des Chefs zum Adressaten oder nach den Gepflogenheiten des Unternehmens. Die Anrede könnte daher auch lauten:

> Sehr geehrter Herr Dr. von Stein

oder:

> Sehr geehrter Herr Schwarzkopf

Praxis-Tipp:

- Hat der Korrespondent die Aufgabe, eine Teilnehmerliste zu erstellen oder Redner in einem Programm zu benennen, muss er außer dem Doktortitel auch die Fakultät angeben.

- Es muss für die Teilnehmer der Veranstaltung klar zu erkennen sein, ob es sich bei dem Redner um einen Dr. jur., Dr. rer. pol. oder Dr. med. handelt, weil damit eine Aussage über seine fachliche Qualifikation verbunden ist.

Aus dem gleichen Grunde sollte auch die berufliche Position verzeichnet sein.

Dr. phil. Herbert Günther
Ausbildungsleiter der SHELA AG

oder:

Dr. jur. Horst Brinkmann
Aufsichtsratsmitglied der Mosk AG

Was akademische Titel bedeuten	
Dr. med.	Doktor der Medizin
Dr. med. univ.	Doktor der gesamten Medizin
Dr. phil. nat.	Doktor der Naturwissenschaften
Dr. rer. nat.	Doktor der Naturwissenschaften
Dr. sc. nat.	Doktor der Naturwissenschaften
Dr. med. dent.	Doktor der Zahnheilkunde
Dr. med. vet.	Doktor der Tierheilkunde
Dr. phil.	Doktor der Philosophie
Dr. jur.	Doktor des Rechts
Dr. jur. utr.	Doktor beider Rechte
Dr. rer. pol.	Doktor der Staatswissenschaften
Dr. scient. pol.	Doktor der Staatswissenschaften
Dr. oec. publ.	Doktor der Staatswissenschaften
Dr. rer. techn.	Doktor der technischen Wissenschaften
Dr. oec.	Doktor der Wirtschaftswissenschaft
Dr. rer. oecon.	Doktor der Wirtschaftswissenschaft
Dr. rer. merc.	Doktor der Handelswissenschaften
Dr.-Ing.	Doktor-Ingenieur
Dr. theol.	Doktor der Theologie
D.	Doktor der ev. Theologie
Dr. rer. bibl.	Doktor der Bibelwissenschaft
Dr. rer. agr.	Doktor der Landwirtschaftskunde
Dr. h. c.	Doktor ehrenhalber
Dr. e. h.	Doktor ehrenhalber
Dr. habil.	Doktor und befähigt und berechtigt zur Laufbahn eines Hochschullehrers

Abgesehen von den akademischen Titeln, den wichtigsten Rangbezeichnungen in den Unternehmen und den geläufigen Adelstiteln gibt es noch zahlreiche Titel aus dem Bereich der Kirche, der Diplomatie, der Verwaltung und des Hochadels.

Botschafter

Im internationalen Sprachverkehr werden Botschafter mit „Exzellenz" angesprochen. Diese Anrede kommt jedoch nur gegenüber Botschaftern fremder Staaten in Frage. Der deutsche Botschafter dagegen wird von Deutschen „Herr Botschafter" angeredet. „Herr Generalkonsul" und „Herr Konsul" dürften für die Mitarbeiter/innen der Chefetage in der Praxis besonders im Vordergrund stehen.

Minister und Beamte

In der Bundesrepublik Deutschland lauten die höchsten Titel und Anreden „Herr Bundespräsident" und „Herr Bundeskanzler". Die Bundesminister, z. B. der Bundesminister für Wirtschaft, werden mit „Herr Bundesminister" angeredet.

Die Staatsminister der einzelnen Bundesländer werden mit „Herr Minister/Frau Ministerin" angeredet.

Die Ressortleiter der Stadtstaaten werden mit „Herr Senator/Frau Senatorin" tituliert. Die offiziellen Anreden des Stadtoberhauptes sind „Herr Oberbürgermeister" und „Herr Bürgermeister".

Der Oberlandesgerichtspräsident und Präsidenten anderer Einrichtungen werden „Herr Präsident" angeredet.

Titel an Universitäten

Die offizielle Anrede für den Rektor einer Universität lautet: „Eure Magnifizenz". Das Gleiche gilt auch für die Studenten. Für alle anderen Situationen heißt die Anrede „Herr Rektor" oder „Herr Professor". Da heute an vielen Universitäten und Technischen Hochschulen Präsidenten an der Spitze stehen, werden auch diese mit „Herr Präsident" angeschrieben und angeredet.

Adel

Adelstitel sind seit der Weimarer Verfassung von 1919 in Deutschland nur noch Bestandteil des Namens. Hier besteht eine Gleichstellung mit der bürgerlichen Gesellschaft. Sie werden aber noch gebraucht, obwohl der Adel keine besonderen Vorrechte mehr genießt. Siehe hierzu die Checkliste auf den Seiten 37, 38 und 43, 44.

Behörden

Schreibt man an eine Behörde, so bestehen hinsichtlich Anschrift und Anrede verschiedene Möglichkeiten:

Finanzamt Wolfsburg
Herrn Dr. Waidbauer

Oder an einen bestimmten Beamten, den man persönlich kennt:

Herrn Oberregierungsrat
Dr. Wilhelm Holsten
Bayerisches Kultusministerium

Wird der Brief an eine Einzelperson in Behörde, Unternehmen oder Institution gerichtet, so ist bei der exakten Formulierung der Anrede das persönliche Verhältnis zwischen Schreiber/in und Empfänger/in zu berücksichtigen.

Handelt es sich um die Beantwortung eines Behördenschreibens, so sollte man sich nach dem Kopf des vorliegenden Briefes richten:

Der Bundesminister für Wirtschaft

Anrede, Titel, Anschrift

Anschrift für die Antwort:

An den
Bundesminister für Wirtschaft

In Privatbriefen fällt das „An das" in Anschriften an Firmen und amtliche Stellen weg.

Es ist zu beachten, dass dann die Anschrift im Akkusativ stehen muss:

Herrn Rechtsanwalt
Dr. Conrad Huber

Mehrere Personen werden angeschrieben

Hier gilt in der Anschrift: Der Mann wird zuerst angeschrieben.

Herren Peter und Paul Hartung

Ein Ehepaar kann so angeschrieben werden:

Frau Ursula Meierhofer
Herrn Franz Meierhofer

Das Wort „Fräulein" wird in Anschrift und Anrede ausgeschrieben, da es sonst eine Unhöflichkeit gegenüber der Empfängerin des Schreibens ist. Diese Art der Anschrift ist heute nur noch vereinzelt üblich, z. B. bei jungen Mädchen.

Wann Briefe geöffnet werden dürfen

Die Formulierung der Anschrift ist ausschlaggebend dafür, ob der Brief den Empfänger sofort und ungeöffnet erreicht. Ist dies vorgesehen, so muss die Anschrift z. B. lauten:

Herrn Dipl.-Ing. Conrad Lenze
Brauereimaschinenfabrik AG

Heißt es in der Anschrift aber:

> Brauereimaschinenfabrik AG
> Herrn Dipl.-Ing. Conrad Lenze

so öffnet die Poststelle den Brief.

Checkliste: Titel, Anschriften und Anreden im Brief

Anschrift	Schriftliche Anrede
■ **Titel an Universitäten**	
Rektor	
Seine Magnifizenz dem Rektor der Universität Freiburg Herrn Professor Dr. …	Euer Magnifizenz
Dekan	
An den Dekan der Philosophischen Fakultät der Freien Universität Hamburg Herrn Professor …	Sehr geehrter Herr Dekan
Die früher für den Dekan einer Fakultät übliche Anrede „Euer Spektabilität" gilt als veraltet.	

Anmerkung: Selbstverständlich ändern sich, falls Frauen die angesprochenen Amtsträgerinnen sind, Anschrift und Anrede, z. B. die Anschrift: An die Präsidentin des Deutschen Bundestages – die Anrede: Sehr verehrte Frau Bundestagspräsidentin. Dies gilt ebenso bei der mündlichen Anrede (ab Seite 39).

noch: Titel, Anschriften und Anreden im Brief

Anschrift	**Schriftliche Anrede**

■ **Bundesregierung und Beamte**

Bundespräsident

| An den Präsidenten der Bundesrepublik Deutschland Herrn Professor Dr. … | Sehr verehrter Herr Bundespräsident |

Bundestagspräsident

| An den Präsidenten des Deutschen Bundestages Herrn Dr. … | Sehr verehrter Herr Bundestagspräsident |

Bundeskanzler

| An den Bundeskanzler der Bundesrepublik Deutschland Herrn Dr. … | Sehr verehrter Herr Bundeskanzler |

Bundesminister

| An den Bundesminister für Wirtschaft Herrn … | Sehr geehrter Herr Bundesminister |

Bundestagsabgeordneter

| An das Mitglied des Deutschen Bundestages Herrn … | Sehr geehrter Herr Abgeordneter |

Ministerpräsident eines Bundeslandes

| An den Ministerpräsidenten des Landes … Herrn … | Sehr verehrter Herr Ministerpräsident |

noch: Titel, Anschriften und Anreden im Brief

Anschrift	**Schriftliche Anrede**
Minister eines Bundeslandes	
An den niedersächsischen Minister für Ernährung, Landwirtschaft und Forsten Herrn …	Sehr geehrter Herr Minister
Oberlandesgerichtspräsident	
An den Präsidenten des Oberlandesgerichts Herrn …	Sehr geehrter Herr Präsident
Oberbürgermeister	
An den Oberbürgermeister der Landeshauptstadt München Herrn …	Sehr geehrter Herr Oberbürgermeister
An den Regierenden Bürgermeister der Stadt Berlin Herrn …	Sehr geehrter Herr Regierender Bürgermeister
■ **Kirchliche Titel**	
Abt	
Seiner Gnaden, dem Hoch- würdigsten Herrn Abt von …	Hochwürdigster Herr Abt
Monsignore	
Seiner Hochwürden Monsignore	Hochwürdigster Monsignore
Heute üblich: Monsignore	Sehr geehrter Herr Monsignore

noch: Titel, Anschriften und Anreden im Brief

Anschrift	Schriftliche Anrede
Kardinal	
Seiner Eminenz dem Hochwürdigsten Herrn Kardinal von …	Euer Eminenz
Heute üblich:	
Seiner Eminenz dem Hochwürdigsten Herrn Joachim Kardinal Meißner	
Bischof	
Seiner Exzellenz dem Hochwürdigsten Herrn Bischof von …	Euer Exzellenz
Kirchenpräsident	
Herrn Kirchenpräsidenten	Hochverehrter Herr Kirchenpräsident
Kirchenrat	
Herrn Kirchenrat	Sehr geehrter Herr Kirchenrat
Pastor	
Herrn Pastor	Sehr geehrter Herr Pastor
Pfarrer	
Herrn Pfarrer	Sehr geehrter Herr Pfarrer
Schwester	
An Schwester (Vor- oder voller Name)	Sehr geehrte Schwester (Vor- oder Nachname)

Die Anrede evangelischer Geistlicher ergibt sich aus ihrer jeweiligen Amtsbezeichnung.

noch: Titel, Anschriften und Anreden im Brief

Anschrift	**Schriftliche Anrede**

■ **Diplomatisches Korps**

An einen auswärtigen Botschafter

Seiner Exzellenz dem Botschafter der Vereinigten Staaten von Amerika Herrn …	Eure Exzellenz (im Gespräch: Exzellenz)

An einen deutschen Botschafter

An den Botschafter der Bundesrepublik Deutschland in Italien Herrn …	Sehr verehrter Herr Botschafter

An einen Generalkonsul

Herrn Generalkonsul … Generalkonsulat der Bundesrepublik Deutschland Lyon	Sehr geehrter Herr Generalkonsul

An einen Honorarkonsul

Herrn Dr. Hans Schiller Malaysischer Honorarkonsul	Sehr geehrter Herr Konsul oder Sehr geehrter Herr Dr. Schiller

Entsprechendes gilt für den Honorargeneralkonsul.

■ **Adel**

Herrn Wolfgang Freiherr von Richthofen	Sehr geehrter Herr von Richthofen

noch: Titel, Anschriften und Anreden im Brief

Anschrift	Schriftliche Anrede
Herrn Heinz Baron von Kampfen	Sehr geehrter Herr von Kampfen
Herrn Professor Dr. Werner Freiherr von Gromes	Sehr geehrter Herr Professor
Herrn Dr. med. Eckart Freiherr von Seltsam	Sehr geehrter Herr Dr. von Seltsam
Herrn Direktor Peter Graf Hausmann	Sehr geehrter Graf Hausmann
Frau Dr. jur. Angelika Gräfin von Walden	Sehr geehrte Gräfin Sehr geehrte Frau Dr. von Walden
Herrn Professor Dr. Stefan Graf von Heidemann	Sehr geehrter Herr Professor (voraus- gesetzt, dass man ihn in seiner Eigenschaft als Universitätsprofessor anspricht) sonst: Sehr geehrter Graf Heidemann
Herrn Bernhard Graf von Waldheim	Sehr geehrter Graf Waldheim
Seiner Durchlaucht Fürst (Prinz) …	Euer Durchlaucht

Checkliste: Mündliche Anreden

Anschrift	Mündliche Anrede

■ **Titel an Universitäten**

Rektor

Seine Magnifizenz	Magnifizenz
dem Rektor der	
Universität Freiburg	
Herrn Professor Dr. ...	

Dekan

An den	Herr Professor
Dekan der	Herr Dekan
Philosophischen Fakultät	
der Freien Universität Hamburg	
Herrn Professor ...	

Die früher für den Dekan einer Fakultät übliche Anrede „Euer Spektabilität" gilt als veraltet.

■ **Bundesregierung und Beamte**

Bundespräsident

An den	Herr Bundespräsident
Präsidenten der Bundesrepublik	
Deutschland	
Herrn Professor Dr. ...	

Bundestagspräsident

An den	Herr Bundestagspräsident
Präsidenten des Deutschen	
Bundestages	
Herrn Dr. ...	

noch: Mündliche Anreden

Anschrift	Mündliche Anrede
Bundeskanzler	
An den Bundeskanzler der Bundesrepublik Deutschland Herrn Dr. …	Herr Bundeskanzler
Bundesminister	
An den Bundesminister für Wirtschaft Herrn …	Herr Bundesminister
Bundestagsabgeordneter	
An das Mitglied des Deutschen Bundestages Herrn …	Herr Abgeordneter
Ministerpräsident eines Bundeslandes	
An den Ministerpräsidenten des Landes … Herrn …	Herr Ministerpräsident
Minister eines Bundeslandes	
An den niedersächsischen Minister für Ernährung, Landwirtschaft und Forsten Herrn …	Herr Minister
Oberlandesgerichtspräsident	
An den Präsidenten des Oberlandesgerichts Herrn …	Herr Präsident

noch: Mündliche Anreden

Anschrift	Mündliche Anrede
Oberbürgermeister	
An den Oberbürgermeister der Landeshauptstadt München Herrn …	Herr Oberbürgermeister
An den Regierenden Bürgermeister der Stadt Berlin Herrn …	Herr Regierender Bürgermeister
■ **Kirchliche Titel**	
Abt	
Seiner Gnaden, dem Hochwürdigsten Herrn Abt von …	Euer Gnaden Euer Hochwürden
Monsignore	
Seiner Hochwürden Monsignore …	Monsignore
Prälat	
Seiner Hochwürden Herrn Prälaten …	Herr Prälat oder Hochwürden
Kardinal	
Seiner Eminenz dem Hochwürdigsten Herrn … Kardinal von …	Eminenz
Bischof	
Seiner Exzellenz dem Hochwürdigsten Herrn Bischof von …	Exzellenz

noch: Mündliche Anreden

Anschrift	Mündliche Anrede
Kirchenpräsident	
Herrn Kirchenpräsidenten …	Herr Präsident
Kirchenrat	
Herrn Kirchenrat …	Herr Kirchenrat
Pastor	
Herrn Pastor …	Herr Pastor
Pfarrer	
Herrn Pfarrer …	Herr Pfarrer
Schwester	
Schwester … (Vor- und Zuname)	Schwester …

Die Anrede evangelischer Geistlicher ergibt sich aus ihrer jeweiligen Amtsbezeichnung.

■ **Diplomatisches Korps**

An einen auswärtigen Botschafter

Seiner Exzellenz dem Botschafter der Vereinigten Staaten von Amerika Herrn …	Exzellenz

An einen deutschen Botschafter

An den Botschafter der Bundesrepublik Deutschland in Italien Herrn …	Herr Botschafter

noch: Mündliche Anreden

Anschrift	Mündliche Anrede
An einen Generalkonsul	
Herrn Generalkonsul … Generalkonsul der Bundesrepublik Deutschland Lyon	Herr Generalkonsul
An einen Honorarkonsul	
Herrn Dr. Hans Schiller Malaysischer Honorarkonsul	Herr Konsul oder Herr Dr. Schiller

Entsprechendes gilt für den Honorargeneralkonsul.

■ **Adel**

Herrn Wolfgang Freiherr von Richthofen	Herr von Richthofen
Herrn Heinz Baron von Kampfen	Herr von Kampfen
Herrn Professor Dr. Werner Freiherr von Gromes	Herr Professor
Herrn Dr. med. Eckart Freiherr von Seltsam	Herr Dr. von Seltsam
Herrn Direktor Peter Graf Hausmann	Graf Hausmann
Frau Dr. jur. Angelika Gräfin von Walden	Gräfin Bei großem Altersunterschied: Gnädigste Gräfin

noch: Mündliche Anreden

Anschrift	Mündliche Anrede
Herrn Professor Dr. Stefan Graf von Heidemann	Herr Professor (vorausgesetzt, dass man ihn in seiner Eigenschaft als Universitätsprofessor anspricht) sonst: Graf Heidemann
Herrn Bernhard Graf von Waldheim	Graf Waldheim
Seiner Durchlaucht Fürst (Prinz) …	Durchlaucht

Die Grußformel

Achten Sie darauf, welche Anreden und Grußformeln gegenüber dem Empfänger üblich sind.

Wenn Briefe einmal „mit herzlichen Grüßen" enden und dann wieder mit „vorzüglicher Hochachtung" oder „mit freundlichen Grüßen" abschließen, entstehen oft Kränkungen, die durchaus nicht beabsichtigt waren. Viele Chefs setzen es als selbstverständlich voraus, dass ihre MitarbeiterInnen jeweils die Anrede und den Briefabschluss verwenden, der gegenüber dem Empfänger bisher gebraucht worden ist.

Wichtig: Vergewissern Sie sich auf alle Fälle, ob Anrede und Grußformel exakt aufeinander abgestimmt sowie sämtliche Titel berücksichtigt sind – und vor allem, ob gewählte Anrede und Grußformel angemessen und zeitgemäß sind.

Checkliste: Anrede und Grußformel

■ Sehr geehrter Herr Jermann	Mit freundlichen Grüßen Mit vorzüglicher Hochachtung Mit verbindlichen Empfehlungen
■ Liebe Frau Jermann	Mit freundlichen Grüßen Mit herzlichen Grüßen

Briefwechsel bei Gleichgestellten: Anrede und Grußformel sollten einander entsprechen!

■ Persönlich bekannter Empfänger (sowohl im geschäftlichen als auch im persönlichen Bereich)	Mit freundlichen Grüßen Ihr Friedrich Jermann
■ Einen Brief an eine Dame oder an einen im Rang Höherstehenden:	
– unterzeichnet ein Herr	Mit verbindlichen Empfehlungen Ihr sehr ergebener Ihr Friedrich Jermann
– unterzeichnet eine Dame	Ihre sehr ergebene Barbara Jermann
■ Diese Anrede ist in der Geschäfts- korrespondenz nicht üblich. Sie ist Ausdruck der Verehrung und wird nur im privaten Bereich bei großem Rang- und Altersunterschied benutzt.	Sehr verehrter Herr ...
■ Bei Briefen einer Dame an einen Herrn darf der Vorname abgekürzt werden.	B. Jermann
■ Persönlicher Brief an einen Verheirateten, dessen Ehepartner man kennt.	Ihnen und Ihrer lieben Frau herzliche Grüße

Einladungsschreiben
zu besonderen Anlässen

Im Folgenden finden Sie Vorschläge, wie Sie Einladungsschreiben zu besonderen Anlässen formulieren können. Verwenden Sie hochwertiges Papier mit diesen Infos:

- Name des Einzuladenden (Titel nicht vergessen)

- Anlass der Einladung

- Datum, Beginn, Ort

- Bekleidungshinweis: z. B. Smoking. Auf der Einladung wird nur der Hinweis für den Herrn gegeben. Die Dame trägt das dazu Passende.

- Um Antwort wird gebeten bis … oder U. A. w. g. bis …

- c. t. (cum tempore). Bedeutung: Die Gäste können bis zu einer Viertelstunde nach 20:00 eintreffen. Heute wird es großzügiger ausgelegt, auch bis zu einer halben Stunde.

- s. t. (sine tempore). Bedeutung: Die Gäste sollten pünktlich erscheinen.

- Beschreibung mit Anfahrtskizze, Hotelprospekt

- Vorgedruckte Antwortkarte zum Ankreuzen, hier z. B.
  Ja, ich komme
  Mich begleitet Frau/Herr
  Reservieren Sie bitte 1 EZ/1 DZ mit Frühstück im Hotel
  vom … bis …

Praxis-Tipp:

Wenn Sie Einladungen lange Zeit vorher verschicken mussten, senden Sie bitte eine Woche vor Veranstaltungsbeginn noch einmal eine Erinnerung.

Der kaufmännische Schriftverkehr – von Anfrage bis Mahnung

3

Musterbriefe in Bestform

Wer einen Brief zu schreiben hat, sollte daran denken, dass diese Mitteilung die mündliche Aussprache ersetzt. Denn der Brief ist ein Dialog. Man schreibt daher so, wie man spricht. Voraussetzung dafür ist einwandfreies Deutsch.

Die äußere Form muss stimmen

Der Empfänger eines Briefes beurteilt den Absender nach dem Inhalt, aber auch nach der äußeren Form des Schreibens.

Beachten Sie immer: „Wer schreibt, der bleibt."

Praxis-Tipp:

Briefe sollten sowohl inhaltlich als auch hinsichtlich ihrer äußeren Form einwandfrei sein:

- Kurze, klare und möglichst einfache Sätze in höflichem, aber nicht unterwürfigem Stil.
- Überflüssige Redewendungen vermeiden, besonders das so genannte „Kaufmannsdeutsch".

Die Musterbriefe ab Seite 50 sollen helfen, Ihre Korrespondenz besser – besonders im Sinne der Verständlichkeit – und damit effektiver zu gestalten.

Zuvor sollten Sie sich aber erst mit dem richtigen Briefaufbau beschäftigen.

Orientierungshilfe für einen optimalen Briefaufbau stellt die A–E-Regel (von IBM) dar. Lesen Sie hierzu die folgende Checkliste.

Briefaufbau nach der A–E-Regel

Versendungsvermerk **Adresse**		Eilzustellung Frau Tanja Mustermann Musterweg 18 98789 Musterstadt
Bezugszeichen/Datum **Betreff – Behandlungsvermerk**		... Ihre Bestellung Eilt
Anrede **Einleitung**	**Teil A** Aufmerksam machen!	vom 01.08... Sehr geehrte Frau Mustermann Über Ihren Auftrag haben wir uns sehr gefreut.
Schilderung des Sachverhalts	**Teil B** Problem beschreiben!	Wir können aus der Artikelbeschreibung nicht erkennen, welches Modell Sie bestellen möchten. Daher können wir diesen Auftrag nicht ausführen.
Folgerung/Entscheidung	**Teil C** Konsequenzen erläutern!	Aus dem beigefügten Katalog entnehmen Sie bitte unser Lieferprogramm und die dazugehörige Bestellnummer.
Aktionen	**Teil D** Aktion auslösen! (Wer soll bis wann was warum tun)	Um Sie schnell zu bedienen, benötigen wir noch die genaue Modellbezeichnung und die Bestellnummer.
Briefschluss mit Gruß	**Teil E** Schluss ist Steuerungs-Instrument, positiv schließen!	Bitte rufen Sie uns an. Das beschleunigt die Abwicklung Ihres Auftrages. Vielen Dank für Ihr Entgegenkommen. Mit freundlichen Grüßen Tanja Mustermann
Anlagen		Anlage 1 Katalog

Der kaufmännische Schriftverkehr

Wichtig: Die folgenden Musterbriefe sind Formulierungsvorschläge, wie Sie Ihre Korrespondenz gestalten können. Wenn Sie Ihre Briefe perfektionieren möchten, so sollten Sie sich an die DIN-Formvorschriften (siehe Seite 22) halten.

Rund um die Anfrage

1. Musterbrief

Anschrift   Datum

(Bezugszeichenzeile)

Anfrage nach ...

Sehr geehrte Damen und Herren,

für die Hotelanlage „Vierjahreszeiten" in Oberwiesenthal benötigen wir bis spätestens 15.06. ..

150 Tische (siehe beigefügte detaillierte Zeichnung)

Ausführung:

> Tischplatte,   Eiche massiv 90 x 90 cm
> 40 mm stark

Bitte lassen Sie uns Ihr Angebot mit genauer Angabe der Lieferungs- und Zahlungsbedingungen zukommen.

Mit freundlichen Grüßen

2. Musterbrief

Anschrift   Datum

(Bezugszeichenzeile)

Anfrage nach ...

Sehr geehrte Damen und Herren,

für einen Großauftrag benötigen wir eine Anlage zur Herstellung von Porzellan.

Bitte schicken Sie uns ein detailliertes Angebot mit Liefer- und Zahlungsbedingungen.

Dürfen wir Ihre Antwort bald erwarten?

Mit freundlichen Grüßen

3. Musterbrief

Anschrift   Datum

(Bezugszeichenzeile)

Anfrage nach ...

Sehr geehrte Damen und Herren,

von einem Geschäftsfreund, Herrn Alfons Achim Herder, erfuhren wir, dass Ihr Unternehmen einen guten Namen in der Sportartikelbranche hat.

Wir sind ein alteingesessenes Exportunternehmen in München. Unsere Kunden interessieren sich besonders für die neuesten Tennisartikel.

Wenn Sie an einer dauerhaften Zusammenarbeit interessiert sind, bitten wir Sie in den nächsten Tagen um Unterlagen über Ihr Sportartikelprogramm.

Mit freundlichen Grüßen

4. Musterbrief

Anschrift   Datum

(Bezugszeichenzeile)

Anfrage nach ...

Sehr geehrte Damen und Herren,

bei meinem Besuch auf der Herbstmesse in Köln wurde ich auf Ihre Erzeugnisse aufmerksam.

Seit vielen Jahren führe ich ein Möbel- und Teppichgeschäft und verfüge über einen großen Kundenkreis. Ich habe mich entschlossen, eine Abteilung für Gardinen und Dekorationsstoffe anzugliedern.

Über den Besuch einer Ihrer Vertreter würde ich mich freuen.

Könnten Sie mir vorab Prospekte über Ihre Artikel zuschicken?

Mit freundlichen Grüßen

5. Musterbrief

Anschrift   Datum

(Bezugszeichenzeile)

Ihre Anfrage nach …

Sehr geehrte Damen und Herren,

für Ihre Anfrage danken wir. Ihr Warenmuster liegt uns vor.

Die Forschungsabteilung hat das Muster geprüft. Wir können die gewünschte Qualität ohne Schwierigkeiten liefern.

Die technischen Einzelheiten entnehmen Sie bitte dem beigefügten Prospekt.

Gerne erwarten wir Ihre Antwort.

Mit freundlichen Grüßen

Anlage

6. Musterbrief

Anschrift   Datum

(Bezugszeichenzeile)

Ihre Bitte um ein Angebot über/für ...

Sehr geehrte Damen und Herren,

vielen Dank für Ihre Anfrage und das Vertrauen, das Sie unserem Hause entgegenbringen.

Aus Kapazitätsgründen sind wir zurzeit nicht in der Lage, Ihnen fristgerecht ein Angebot auszuarbeiten. Ihre Unterlagen schicken wir an Sie zurück.

Bitte haben Sie Verständnis für unsere Entscheidung. Wir erarbeiten gerne mit Ihnen zusammen weitere Projekte.

Mit freundlichen Grüßen

Anlagen

7. Musterbrief

Anschrift   Datum

(Bezugszeichenzeile)

Sehr geehrte Damen und Herren,

vielen Dank für Ihre Anfrage.

Ihre beigefügten Pläne haben wir geprüft und dabei festgestellt, dass unsere Produktion/Anlage die gewünschten Teile nicht herstellen/anfertigen kann.

Wir empfehlen Ihnen, mit dem Unternehmen/der Firma … Kontakt aufzunehmen. Ihre Pläne erhalten Sie in den nächsten Tagen.

Vielen Dank für Ihr Verständnis.

Mit freundlichen Grüßen

Anlagen

Rund um das Angebot

1. Musterbrief

Anschrift   Datum

(Bezugszeichenzeile)

Angebot

Sehr geehrte Damen und Herren,

vielen Dank für Ihre Anfrage.

Wir verweisen auf unsere Allgemeinen Verkaufs- und Lieferbedingungen und bieten an:

....

....

....

Die Zahlungsbedingungen:

30 Tage nach Lieferung/Rechnungsdatum.

Über einen Auftrag freuen wir uns.

Mit freundlichen Grüßen

2. Musterbrief

Anschrift   Datum

(Bezugszeichenzeile)

Angebot

Sehr geehrte Damen und Herren,

für Ihre Anfrage vielen Dank. Hier unser Angebot, gültig zwei Monate. Lieferfrist der Geräte: ....

Auf die angegebenen verbindlichen Bruttopreise – ausgenommen Nettopreise – gewähren wir den Ihrem Hause bekannten Rabatt.

Im Auftragsfall wird die jeweils gültige MwSt. berechnet. Das Angebot wurde nach der Preisliste vom ... erstellt. Grundlage unseres Angebotes ist Ihr Leistungsverzeichnis. Die Ventilpreise beinhalten keine Gegenflanschen, Schrauben und Dichtungen. Die Lieferungen und Leistungen erfolgen nach unseren Allgemeinen Lieferbedingungen. Technische Änderungen behalten wir uns vor. Maß- und Gewichtsangaben sind unverbindlich.

Für das Angebot, beigefügte Zeichnungen und andere Unterlagen behalten wir uns das Eigentums- und Urheberrecht vor. Ohne unsere schriftliche Zustimmung dürfen die Unterlagen weder vervielfältigt noch Dritten zugänglich gemacht werden.

Frau Huber, Niederlassung München, Tel. 0 89/... beantwortet Ihnen gerne noch offen stehende Fragen.

Mit freundlichen Grüßen

3. Musterbrief

Anschrift   Datum

(Bezugszeichenzeile)

Angebot

Sehr geehrte Damen und Herren,

über Ihren Besuch an unserem Messestand auf der AERO-Messe haben wir uns gefreut. Wie besprochen, erhalten Sie heute das Angebot über

- Zweisitziges AMIGO Sportflugzeug
  Preis ab Werk, netto, zzgl. gesetzl. MwSt. DM …
  gültig nur für BRD
  Lieferzeit: September/Oktober 20..
  Zahlung: DM …
  als unverzinsliche Vorauszahlung bei Auftragserteilung –
  Restsumme bei Übernahme, netto.

Dieses Angebot ist nur gültig bis 15.03.20..

Wir freuen uns über Ihre/n Nachricht/Bescheid/Bestellung.

Mit freundlichen Grüßen

4. Musterbrief

Anschrift   Datum

(Bezugszeichenzeile)

Sehr geehrte Damen und Herren,

bitte unterbreiten Sie uns Ihr schriftliches Angebot für Schreibmaschinen von … oder gleichwertiger Fabrikate mit Datenspeicher und Bildschirm- schreibmaschinen mit einem Rechtschreibprogramm.

In diesem Jahr benötigen wir … Maschinen.

Wir erwarten Ihr Angebot bis zum 22.07.20.., ebenso aktuelles Prospekt- material.

Ihr Angebot richten Sie bitte an die Abteilung Materialwirtschaft/Einkauf.

Mit freundlichen Grüßen

5. Musterbrief

Anschrift   Datum

(Bezugszeichenzeile)

Angebot

Sehr geehrte Damen und Herren,

vielen Dank für Ihre Anfrage.

In dem beigefügten Katalog mit Preisliste finden Sie ausführliche Beschreibun- gen unserer Modelle.

Unsere Lieferungs- und Zahlungsbedingungen:

- Lieferung frei Haus
- Zahlung per Banküberweisung
- Skonto … %
- Lieferfrist eine Woche

Auf unsere Produkte gewähren wir eine Garantie von 1 Jahr.

Mit getrennter Post erhalten Sie die Musterkollektion.

Gerne erwarten wir Ihre Bestellung.

Mit freundlichen Grüßen

6. Musterbrief

Anschrift   Datum

(Bezugszeichenzeile)

Sehr geehrte Damen und Herren,

Sie haben an unserer Ausschreibung teilgenommen. Vielen Dank für Ihr Angebot.

Da uns ein günstigeres Angebot vorliegt, können wir Sie bei der Auftragsvergabe nicht berücksichtigen.

Wir bitten um Ihr Verständnis.

Mit freundlichen Grüßen

Rund um die Bestellung

1. Musterbrief

Anschrift   Datum

(Bezugszeichenzeile)

Bestellung

Sehr geehrte Damen und Herren,

auf Ihr Angebot vom … … 20.. erteilen wir Ihnen den Auftrag

. . . .

. . . .

Bitte liefern Sie binnen vier Wochen frei Haus.

Die Frachtkosten gehen zu Ihren Lasten.

Der Rechnungsbetrag wird nach Erhalt der Ware abzüglich 3 % Skonto an Sie überwiesen.

Wir bitten um eine Auftragsbestätigung.

Mit freundlichen Grüßen

2. Musterbrief

Anschrift   Datum

(Bezugszeichenzeile)

Bestellung

Sehr geehrte Damen und Herren,

für Ihr ausführliches Angebot danken wir.

Bitte liefern Sie

. . . .

. . . .

. . . .

Mit Ihren Lieferungs- und Zahlungsbedingungen sind wir einverstanden.

Als langjähriger Kunde Ihres Hauses bitten wir zu prüfen, ob Sie nur für diese Positionen einen Rabatt von 5 % gewähren.

Die Anzahlung erfolgt sofort nach Eingang der Auftragsbestätigung.

Mit freundlichen Grüßen

3. Musterbrief

Anschrift   Datum

(Bezugszeichenzeile)

Bestellung

Sehr geehrte Damen und Herren,

Ihr Angebot interessiert uns. Gerne möchten wir die italienischen Weine kennen lernen/probieren.

Bitte liefern Sie sofort

. . . .

Auftragswert . . . . EUR zuzüglich MwSt.

Die Zahlung erfolgt bei Warenübernahme. Wir bitten um Ihre Auftragsbestätigung.

Mit freundlichen Grüßen

4. Musterbrief

Anschrift   Datum

(Bezugszeichenzeile)

Bestellung

Sehr geehrte Damen und Herren,

vielen Dank für Ihr Angebot.

Bitte liefern Sie bis spätestens 15.09.20..

. . . .

wie in Ihrem Angebot ausführlich beschrieben. Der Preis je … beträgt … EUR netto.

Mit Ihren Lieferungs- und Zahlungsbedingungen sind wir einverstanden.

Nach Eingang Ihrer Auftragsbestätigung wird 1/3 des Rechnungsbetrages angezahlt.

Mit freundlichen Grüßen

5. Musterbrief

Anschrift   Datum

(Bezugszeichenzeile)

Sehr geehrte Damen und Herren,

auf unsere Produkte gewähren wir eine Garantie von einem Jahr.

Gerne erwarten wir Ihre Bestellung.

Mit freundlichen Grüßen

Anlage
Katalog

6. Musterbrief

Anschrift   Datum

(Bezugszeichenzeile)

Sehr geehrte Damen und Herren,

Ihre Bestellung kann bis zum … nicht bei Ihnen eintreffen.

Den zugesagten Liefertermin müssen wir aus produktionstechnischen Gründen auf den … verschieben.

Bitte haben Sie dafür Verständnis.

Mit freundlichen Grüßen

Rund um die Auftragsbestätigung

1. Musterbrief

Anschrift   Datum

(Bezugszeichenzeile)

Auftragsbestätigung

Sehr geehrte Damen und Herren,

mit diesem Schreiben bestätigen wir den mündlich erteilten Auftrag zu dem Bauvorhaben

. . . .

. . . .

. . . .

. . . .

Lieferzeit: 10 KW / 9. auf Abruf
Preise: Ab Werk .... EUR zzgl. gesetzl. MwSt.
Zahlungsziel: 14 Tage nach Rechnungsstellung abzüglich 2 % Skonto oder
                   30 Tage nach Rechnungsstellung rein netto.

Wir freuen uns auf eine gute Zusammenarbeit.

Mit freundlichen Grüßen

2. Musterbrief

Anschrift   Datum

(Bezugszeichenzeile)

Auftragsbestätigung

Sehr geehrte Damen und Herren,

für Ihren Auftrag danken wir Ihnen.

Der Preis versteht sich FOB deutscher Hafen.

Die Lieferfrist beträgt fünf Monate nach Erhalt einer Vorauszahlung von 25 % des Rechnungsbetrages.

Für den Rechnungsbetrag bitten wir Sie, ein unwiderrufliches Akkreditiv bei einer Bank Ihrer Wahl zu eröffnen.

Ihren Auftrag werden wir mit größter Sorgfalt ausführen.

Mit freundlichen Grüßen

3. Musterbrief

Anschrift   Datum

(Bezugszeichenzeile)

Auftragsbestätigung

Sehr geehrte Damen und Herren,

Ihren Auftrag über 10 000 Rollen Faxpapier haben wir erhalten. Vielen Dank.

Die Faxrollen werden in ca. drei Wochen Ihrem Spediteur in unserem Auslieferungslager übergeben.

Bis zur vollständigen Bezahlung bleiben wir Eigentümer der Ware.

Sie werden mit der Ausführung Ihrer Bestellung zufrieden sein.

Mit freundlichen Grüßen

Rund um die Mängelrüge

1. Musterbrief

Anschrift   Datum

(Bezugszeichenzeile)

Mängelrüge – Reklamation

Sehr geehrte Damen und Herren,

die Qualität der 30 bei Ihnen gekauften Fotoapparate entspricht nicht den Ausführungen Ihres Angebotes.

Obwohl der Fotoapparat bis zu einer Wassertiefe von zehn Metern wasserdicht sein sollte, beanstandet die Kundschaft, dass Wasser in den Apparat eingedrungen ist. Dies war bereits bei 15 Apparaten der Fall.

Da wir annehmen, dass die restlichen 5 Fotoapparate auch nicht wasserdicht sind, machen wir aufgrund eines verdeckten Qualitätsmangels die Wandlung geltend. Die Ware stellen wir Ihnen wieder zur Verfügung.

Wir bitten um Nachricht, wohin die Fotoapparate geschickt werden sollen.

Bitte erstatten Sie uns den Rechnungsbetrag, der pünktlich am 15.09.20.. an Sie überwiesen wurde.

Mit freundlichen Grüßen

2. Musterbrief

Anschrift   Datum

(Bezugszeichenzeile)

Mängelrüge – Umtausch

Sehr geehrte Damen und Herren,

am 27.09.20.. haben wir die am 23.07.20.. bestellten Schreibtische erhalten.

Folgende Mängel möchten wir schriftlich festhalten:

1. Beim Abladen des Schreibtisches Nr. 14 wurde festgestellt, dass ein Stück Ebenholzfurnier an der Tischecke abgebrochen ist. Der Schaden wurde bereits bei unserem Fahrer reklamiert.

2. Das Nussbaumfurnier des Schreibtisches Nr. 19 weicht in der Farbe erheblich von den bestellten Schreibtischen ab. Es ist sehr viel heller gemasert als die vier gelieferten Tische.

3. Am Schreibtisch Nr. 26 lassen sich die linken Schreibtischschubladen nicht abschließen.

Die Tische stehen in unserem Lager. Wir bitten um einen sofortigen Umtausch.

Mit freundlichen Grüßen

Der kaufmännische Schriftverkehr

3. Musterbrief

Anschrift   Datum

(Bezugszeichenzeile)

Mängelrüge – Reklamation

Sehr geehrte Damen und Herren,

die Gartenmöbel Nr. 35/50 sind heute eingetroffen.

Die Farbe muss noch frisch gewesen sein, als sie verpackt wurden. 7 Stühle sind verschmiert. 6 Stühle sind mit dem Verpackungsmaterial beklebt. Es lässt sich nicht lösen, ohne den Anstrich zu beschädigen.

13 Stühle sind nicht zu verkaufen.

Wenn Sie uns einen entsprechenden Preisnachlass gewähren, behalten wir die Stühle.

Wann dürfen wir Ihre Nachricht erwarten?

Mit freundlichen Grüßen

4. Musterbrief

Anschrift   Datum

(Bezugszeichenzeile)

Anerkennung der Mängelrüge

Sehr geehrte Damen und Herren,

mit unserer Lieferung waren Sie nicht zufrieden.

Es handelte sich bei dieser Lieferung um eine Eilzustellung. Nur so ist es zu erklären, dass die geschilderten Mängel auftraten.

Bitte entschuldigen Sie den unangenehmen Vorfall. Lassen Sie die Stühle auf unsere Kosten neu streichen, und schicken Sie uns bitte die Rechnung.

Ihre Bestellungen werden wir in Zukunft besonders sorgfältig ausführen.

Mit freundlichen Grüßen

5. Musterbrief

Anschrift   Datum

(Bezugszeichenzeile)

Mängelrüge – Reklamation

Sehr geehrte Damen und Herren,

heute beanstanden wir Ihre Bierlieferung zum Oktoberfest.

In unserer Bestellung baten wir ausdrücklich um eine Lieferung „Märzen dunkel". Wir erhielten stattdessen jedoch „Amstel hell".

Leider war wegen der Eröffnung der Wies'n ein Austausch nicht mehr möglich.
In diesem Schreiben machen wir daher Minderung geltend und ziehen bei Bezahlung Ihrer Rechnung 10 % der Summe ab.

Bitte haben Sie Verständnis.

Mit freundlichen Grüßen

6. Musterbrief

Anschrift   Datum

(Bezugszeichenzeile)

Mängelrüge – Reklamation

Sehr geehrte Damen und Herren,

gestern erhielten wir die 24 Bettbezüge.

Sie wurden sorgfältig geprüft. Bei allen Bettbezügen stellte sich heraus, dass die Knopflöcher unordentlich genäht worden sind. Der Mangel ist nicht zu übersehen.

In dieser Ausführung können wir die Bettwäsche unseren Kunden nicht anbieten.

Bitte schicken Sie uns Ersatz von einwandfreier Qualität. Die gelieferten Bettbezüge stehen zu Ihrer Verfügung.

Mit freundlichen Grüßen

7. Musterbrief

Anschrift   Datum

(Bezugszeichenzeile)

Ablehnung der Mängelrüge

Sehr geehrte Damen und Herren,

über Ihre Reklamation unserer Sendung Weingläser sind wir sehr erstaunt.

- Unsere Produktion stellt fehlerfreie Ware her.
- Fachleute prüfen ständig die Qualität der Gläser.

Es ist ausgeschlossen, dass jedes Glas Luftblasen vorweist.

Ihre Reklamation können wir daher nicht anerkennen.

Wir bestehen darauf, dass Sie die Sendung Weingläser abnehmen.

Mit freundlichen Grüßen

Rund um den Lieferverzug

1. Musterbrief

Anschrift   Datum

(Bezugszeichenzeile)

Lieferverzug
2. Mahnung

Sehr geehrte Damen und Herren,

am … hatten wir … bestellt und im Schreiben vom … noch einmal um sofortige Lieferung gebeten. Bis heute warten wir vergeblich.

Die Ware brauchen wir dringend für … .

Wir setzen Ihnen eine Nachfrist bis zum … .

Sollte die Ware bis zu diesem Termin nicht eingetroffen sein, verzichten wir auf Ihre Lieferung und werden bei einer anderen Firma kaufen.

Mit freundlichen Grüßen

2. Musterbrief

Anschrift   Datum

(Bezugszeichenzeile)

Lieferverzug
1. Mahnung

Sehr geehrte Damen und Herren,

in unserer Bestellung Nr. … baten wir um baldige Lieferung.
Bis heute sind die ……………………… noch nicht eingetroffen.

Wir benötigen die Ware dringend und bitten Sie daher, sofort zu liefern.

Mit freundlichen Grüßen

3. Musterbrief

Anschrift   Datum

(Bezugszeichenzeile)

Lieferverzug
2. Mahnung

Sehr geehrte Damen und Herren,

vor 8 Wochen bestellten wir bei Ihnen 300 Software-Programme Word für Windows.

Bitte teilen Sie uns sofort mit, ob wir mit einer Lieferung vor Monatsende rechnen können.

Falls Sie nicht bis zum … liefern, werden wir den Auftrag zurücknehmen und Sie auf Schadensersatz verklagen.

Mit freundlichen Grüßen

Rund um den Annahmeverzug

Anschrift   Datum

(Bezugszeichenzeile)

Annahmeverzug

Sehr geehrte Damen und Herren,

Sie haben die Annahme von 20 Kisten mit Videogeräten verweigert. Dies teilte uns heute der Spediteur mit.

Die Kisten enthalten die von Ihnen am … bestellten Geräte.
Wir können uns nicht vorstellen, warum Sie die Sendung nicht annahmen.

Die 20 Kisten lagern auf Ihre Kosten beim Spediteur.

Bitte lassen Sie die Sendung bis zum … bei der Spedition … abholen.

Hier die Anschrift:

Richard Weimann,
Landshuter Allee 150,
80… München

Mit freundlichen Grüßen

Rund um die Mahnung

1. Musterbrief

Anschrift   Datum

(Bezugszeichenzeile)

1. Mahnung

Sehr geehrte Damen und Herren,

unsere Rechnung Nr. … vom … wurde noch nicht bezahlt. Als Anlage erhalten Sie eine Kopie der Rechnung.

Dürfen wir Ihren Betrag über … EUR bis zum … erwarten?

Mit freundlichen Grüßen

Anlage
Kopie der Rechnung

2. Musterbrief

Anschrift   Datum

(Bezugszeichenzeile)

Zahlungserinnerung – 1. Mahnung

Sehr geehrte Damen und Herren,

mit diesem Schreiben weisen wir Sie darauf hin, dass unsere Rechnung Nr. ... vom ... über EUR ... noch offen steht.

Bitte begleichen Sie den fälligen Betrag in den nächsten Tagen.

Sollten Sie inzwischen gezahlt haben, so betrachten Sie dieses Schreiben bitte als gegenstandslos.

Mit freundlichen Grüßen

3. Musterbrief

Anschrift   Datum

(Bezugszeichenzeile)

Rechn.-Nr. ... in Höhe von EUR ...

Sehr geehrter Geschäftsfreund,

das Mahnen, Herr, ist eine schwere Kunst! Sie werden's oft am eig'nen Leib verspüren. Man will das Geld, doch will man auch die Gunst des werten Kunden nicht verlieren.

Allein der Stand der Kasse zwingt uns doch, ein kurz' Gesuch bei Ihnen einzureichen: Sie möchten uns, wenn möglich, heute noch die oben angeführte Schuld begleichen.

Vielen Dank!

Mit freundlichen Grüßen

4. Musterbrief

Anschrift   Datum

(Bezugszeichenzeile)

Zahlungserinnerung

Sehr geehrte Damen und Herren,

wie viele Dinge im täglichen Geschäftsleben gibt es, die man sofort
erledigen wollte und dann später
doch vergessen hat!

Manchmal ist man für einen leisen
Wink dankbar. Sicher haben Sie es
übersehen, unsere unten aufgeführte
Rechnung zu bezahlen.

Bitte veranlassen Sie gleich, dass der
fällige Betrag überwiesen wird.

Vielen Dank!

Mit freundlichen Grüßen

| Rechnung vom | Rechnung Nr. | Text | Aufstellung | |
			Soll EUR	Haben EUR

5. Musterbrief

Anschrift   Datum

(Bezugszeichenzeile)

Zahlungserinnerung – 2. Mahnung

Sehr geehrte Damen und Herren,

vergeblich haben wir an die Bezahlung der unten aufgeführten Beträge erinnert.

Bitte überweisen Sie die noch offen stehenden EUR ... oder schreiben Sie uns, falls ein Missverständnis oder ein anderer Grund zur Zahlungsverzögerung vorliegt.

Mit freundlichen Grüßen

Rechnung vom	Rechnung Nr.	Text	Aufstellung Soll EUR	Haben EUR

6. Musterbrief

Anschrift   Datum

(Bezugszeichenzeile)

2. Zahlungserinnerung

Sehr geehrte Damen und Herren,

unsere erste Zahlungserinnerung vom 15.07.20.. ließen Sie unbeantwortet.

Bitte überweisen Sie den Rechnungsbetrag EUR … bis zum 15.09.20.. auf unser Konto.

Falls Sie den Betrag bereits überwiesen haben, betrachten Sie bitte diese Erinnerung als gegenstandslos.

Mit freundlichen Grüßen

7. Musterbrief

Anschrift   Datum

(Bezugszeichenzeile)

3. Zahlungserinnerung

Sehr geehrte Damen und Herren,

unsere Rechnung vom 15.07.20.. über EUR … wurde trotz zweimaliger Mahnung bis heute nicht bezahlt.

Falls Sie den offenen Rechnungsbetrag nicht bis zum 15.09.20.. überweisen, leiten wir rechtliche Schritte gegen Sie ein.

Mit freundlichen Grüßen

8. Musterbrief

Anschrift   Datum

(Bezugszeichenzeile)

Zahlungserinnerung – 3. Mahnung

Sehr geehrte Damen und Herren,

unsere Mahnungen blieben bisher unbeantwortet.

Bevor wir unsere Rechtsabteilung mit dem Einzug beauftragen, bitten wir Sie, den fälligen Betrag bis zu dem unten angegebenen Termin zu überweisen.

Bitte halten Sie diesen Termin in Ihrem eigenen Interesse ein, um unnötige Kosten zu vermeiden.

Termin: 15.10.20..

Mit freundlichen Grüßen

Rechnung vom	Rechnung Nr.	Text	Aufstellung Soll EUR	Haben EUR

9. Musterbrief

Anschrift   Datum

(Bezugszeichenzeile)

Letzte Zahlungserinnerung

Sehr geehrte Damen und Herren,

unsere Mahnserie ist abgelaufen – ohne Erfolg! Wenigstens einen verbindlichen Zwischenbescheid hätten wir als Zeichen guten Willens erwartet.

Sehen Sie bitte dieses Mahnschreiben als den letzten Versuch einer gütlichen Einigung. Bleibt Ihre Zahlung in den nächsten Tagen aus, werden wir unsere Forderungen zum Einzug weiterleiten. Wir würden das sehr bedauern, denn vermeidbare Kosten und Unannehmlichkeiten möchten wir Ihnen ersparen.

Rechnung vom	Rechnung Nr.	Text	Aufstellung	
			Soll EUR	Haben EUR

1. Mahngebühr: … EUR
2. Mahngebühr: … EUR

Fällige Gesamtforderung: … EUR

Unsere Buchhaltung erwartet den Eingang der Zahlung bis zum: …

Betrachten Sie bitte dieses Schreiben als gegenstandslos, wenn Sie die Rechnungen bereits bezahlt haben.

Mit freundlichen Grüßen

10. Musterbrief

Anschrift   Datum

(Bezugszeichenzeile)

3. Mahnung

Sehr geehrte Damen und Herren,

unsere beiden Mahnungen ließen Sie bis heute unbeantwortet.

Mit unseren günstigen Zahlungsvorschlägen sind wir Ihnen sehr entgegen-gekommen.

Wir bitten Sie in diesem Schreiben zum letzten Mal, den Betrag über EUR … bis spätestens zum … zu überweisen.

Nach Ablauf dieser Frist werden wir rechtliche Schritte gegen Sie einleiten.

Mit freundlichen Grüßen

Zum versöhnlichen Abschluss dieser Beispielreihe unerfreulicher Mahnschreiben noch ein Originalbeispiel aus der Praxis, das zeigt, wie man einen Geschäftsfreund an seine Verpflichtungen erinnern kann, ohne ihn zu verletzen.

11. Musterbrief

Anschrift   Datum

(Bezugszeichenzeile)

Unser Telefonat vom 21.07.20.. – Bezahlung div. Rechnungen –

Sehr geehrte Damen und Herren,

ein Experte auf dem Gebiet der Sprachforschung bezeichnete kürzlich folgende sieben Wörter als die ausdrucksvollsten der deutschen Sprache:

1. Das schönste Wort   ■ Liebe
2. Das tragischste Wort   ■ Tod
3. Das innigste Wort   ■ Mutter
4. Das wärmste Wort   ■ Freundschaft
5. Das kälteste Wort   ■ Nein
6. Das bitterste Wort   ■ Einsam
7. Das traurigste Wort   ■ V e r g e s s e n

Dieses letzte Wort macht uns Kummer, weil Sie vergessen haben, unsere Rechnungen zu bezahlen.

Mit freundlichen Grüßen

Rechnung vom	Rechnung Nr.	Text	Aufstellung	
			Soll EUR	Haben EUR

Rund um den Werbebrief

Für die Formulierung wirksamer Werbebriefe gibt es eine bewährte Formel: die AIDA-Formel.

A	=	Attention	=	Achtung, hier bin ich
I	=	Interest	=	Interesse erwecken
D	=	Desire	=	Wunsch auslösen
A	=	Action	=	Zum Handeln veranlassen

Aufbau

Entsprechend der AIDA-Formel sollten Sie Ihren Werbebrief nach folgendem Gerüst gestalten:

- Großes Einfühlungsvermögen
- Sprachliche Mittel optimal einsetzen
- Wirkungsvoll argumentieren
- Persönliche Note einbringen
- Datum und Unterschrift

Praxis-Tipp:

Ein Werbebrief sollte nicht länger als eine Seite sein!

1. Musterbrief

Anschrift   Datum

(Bezugszeichenzeile)

Sehr geehrte Damen und Herren,

Sie können auf die verschiedensten Arten dem Stress des Alltags entfliehen. Eine der schönsten ist es, lautlos, dem Vogel gleich, im Wind zu gleiten. Dieses einzigartige Erlebnis ist nur dem Segelflieger vergönnt, wenn er von Aufwind zu Aufwind schwebt und dabei Zeit und Alltagssorgen vergisst.

Wenn auch Sie, wie Reinhard Mey so schön singt, die grenzenlose Freiheit erleben wollen, empfehlen wir Ihnen, das Segelfliegen zu erlernen.

Wir würden uns freuen, wenn Sie das bei uns – im Herzen der Fränkischen Schweiz – an der Fränkischen Fliegerschule Feuerstein tun würden. Wir sind ein Team von erfahrenen Fluglehrern und bieten Ihnen neben unserer Erfahrung bestes Fluggerät an.

Wenn Sie erst probieren möchten, ob das Fliegen Ihnen die erwartete Freude bereitet, bieten wir Ihnen unseren Schnupperkurs zum Kennenlernen an.

Schreiben Sie uns. Wir schicken Ihnen gerne ausführliches Informationsmaterial.

Mit freundlichen Grüßen

2. Musterbrief

Anschrift   Datum

(Bezugszeichenzeile)

Sehr verehrte Frau …, sehr geehrter Herr …,

können Sie sich noch an die Weihnachtsfeiertage im Vorjahr erinnern? Feiertage, die Sie voller Hektik und Unruhe verbracht haben? Gnädige Frau, wie lange standen Sie am Heiligabend in der Küche und waren mit der Zubereitung des Festbratens beschäftigt?

Warum das alte Jahr nicht in Ruhe und Frieden ausklingen lassen und es in mondäner Atmosphäre auf einem wundervollen Silvesterball verabschieden?

GRAND HOTEL …, das am schönsten gelegene Hotel von …, bietet Ihnen ein Weihnachtsfest, an das Sie sich noch oft und gerne erinnern werden!

Wir haben für Sie ein Weihnachts- und Silvesterarrangement zusammengestellt, das keine Wünsche offen lässt!

Sie wohnen vom 23.12. … bis 02.01. …

für … EURO pro Person

in einem unserer Komfortzimmer, die mit Bad/WC, Minibar, Farbfernseher, Video, Radio und Durchwahltelefon ausgestattet sind.

Im Preis inbegriffen sind:
- Begrüßungscocktail
- Candlelight Dinner am Heiligabend
- Punsch am Kamin
- Karten für ein Weihnachtskonzert
- Teilnahme am großen Silvesterball mit Gala Dinner und Mitternachtsbuffet.

Bitte reservieren Sie bis zum …

Wir freuen uns auf Sie.

Mit freundlichen Grüßen

3. Musterbrief

Anschrift   Datum

(Bezugszeichenzeile)

Sehr geehrte Frau …,

nun liegt Sie vor Ihnen, unsere Produktübersicht.

Time is money!

Sie haben sich schon bestimmt mehrmals gefragt:

Wie kann ich aus Zeit Geld machen?

Natürlich, mit unseren modernen … Diktiersystemen!

Die neuen Pocket Memos
- sind jetzt noch handlicher und leichter
- haben einen aufladbaren Akku
- Anschlussmöglichkeiten für nützliches Zubehör

Das moderne Bürodiktiergerät von … hat
- viele nützliche Zusatzfunktionen
- ein Display für übersichtliches Arbeiten
- ist noch kompakter und handlicher

Informieren Sie sich!
Bitte schicken Sie uns die beigefügte Antwortkarte so schnell wie möglich, und Sie erhalten die notwendige Information.

Übrigens: Besonders günstig kaufen Sie über den Rahmenvertrag zwischen dem Freistaat … und … .

Wir beraten Sie gerne.

Mit freundlichen Grüßen

Rund um die Auskunft

1. Musterbrief

Anschrift   Datum

(Bezugszeichenzeile)

Bitte um Auskunft · V e r t r a u l i c h

Sehr geehrte Damen und Herren,

die auf dem beigefügten Schriftstück genannte Firma hat uns heute einen ersten Auftrag über Maschinen im Wert von 675 000 EUR erteilt. Gebeten wurde um ein Zahlungsziel von 6 Wochen.

Ihr Unternehmen wurde uns als Referenz genannt, da Sie seit Jahren mit dieser Firma in Geschäftsverbindung stehen.

Können Sie uns eine Auskunft geben über Umsatz, finanzielle Lage und Zahlungsfähigkeit?

Vielen Dank für Ihr Entgegenkommen.

Mit freundlichen Grüßen

2. Musterbrief

Anschrift   Datum

(Bezugszeichenzeile)

Ersuchen um Referenzen

Sehr geehrte Damen und Herren,

Sie wünschen eine Auskunft über eine Firma, die uns seit vielen Jahren ein zuverlässiger Geschäftspartner ist.

Das Unternehmen ist eine ... gegründete AG und beschäftigt 1 800 Mitarbeiter.

Nach unserem Wissen konnte die Gesellschaft das Exportgeschäft von 15 % auf 35 % erhöhen. Umsatz und Gewinn sind ständig gestiegen. Über die Zahlungsfähigkeit ist uns nichts Negatives bekannt.

Wir sind überzeugt, dass Sie in dieser Firma einen seriösen und kreditwürdigen Geschäftspartner gefunden haben.

Diese Auskunft erteilen wir vertraulich und ohne Gewähr.

Mit freundlichen Grüßen

Rund um die Terminvereinbarung

Anschrift   Datum

(Bezugszeichenzeile)

Sehr geehrter Herr …,

vielen Dank für Ihr Schreiben vom 03.02.20..

Gerne werden wir Sie am 17.06.20.. empfangen, um Ihnen unser Werk und die „EXPONATA" (die 6 000 qm große Ideenlandschaft von …) vorzustellen.

Bitte informieren Sie sich bei Frau … .

Sie klärt mit Ihnen die Einzelheiten wie Ihre Ankunft und den Ablauf Ihres Besuches.

Unsere Rufnummer: . . . .

Sicher wird der Besuch für Sie und Ihre Kollegen interessant und aufschlussreich.

Wir erwarten gerne Ihren Anruf.

Mit freundlichen Grüßen

Protokolle, Akten- und Telefonnotizen richtig formulieren

4

Das perfekte Memory

Über wichtige Besprechungen, Verhandlungen, Konferenzen und Tagungen wird üblicherweise ein Protokoll geführt. Darin werden die Ergebnisse der jeweiligen Veranstaltung festgehalten.

Das Protokoll dient als Memory, um beispielsweise zu kontrollieren, ob und inwieweit vorgegebene Ziele erreicht wurden, aber auch als Beweismittel bei möglichen Streitigkeiten.

Das Führen eines Protokolls unterscheidet sich in vieler Hinsicht von der üblichen Korrespondenz. Dabei müssen zum einen Sachverhalte erkannt und nachvollziehbar dargestellt, zum anderen Beiträge mehrerer Personen inhaltlich erfasst und schriftlich auf den Punkt gebracht werden. Das selbstständige Führen eines Protokolls gehört damit zu den anspruchsvollsten Sekretariatsaufgaben.

Protokollarten

Es gibt verschiedene Protokolltypen – je nach Anlass und Intention.

Das wörtliche Protokoll

Wort für Wort wird dieses Protokoll bei Gericht oder in der Politik geführt; dies erfolgt meist durch gelernte Gerichts- oder Parlamentsstenographen.

Das Ergebnis- oder Beschlussprotokoll

Das Ergebnis- oder Beschlussprotokoll enthält nur vollständige Ergebnisse. Diese werden dem Protokollführer üblicherweise diktiert. Die Unterschiede in der Arbeitsweise zum Diktat oder Phonodiktat sind unbedeutend.

Wichtig: Das Ergebnis- oder Beschlussprotokoll hat die Ergebnisse der Tagesordnungspunkte vollständig wiederzugeben:

- Falsch:

    Gleitende Arbeitszeit

    Die Anwesenden sind mit dem Vorschlag einverstanden.

- Richtig:

    Die Anwesenden sind mit dem Vorschlag des Betriebsrates einverstanden, die gleitende Arbeitszeit einzuführen.

Ein Muster-Ergebnisprotokoll sowie einen Muster-Vordruck, der das Protokollieren erleichtert, finden Sie auf den Seiten 97 bis 99.

Kurzprotokoll, Aktennotiz, Telefonnotiz, Gesprächsnotiz

Dies sind knapp gehaltene Dokumente zur Informationsverbreitung innerhalb eines Unternehmens oder einer Behörde.

Das ausführliche Protokoll

Das ausführliche Protokoll wird auch bezeichnet als

- sinngemäßes Protokoll

- Verlaufsprotokoll

- Sitzungsprotokoll

- Verhandlungsprotokoll

Der Verlauf der Besprechung wird personenbezogen wiedergegeben, die Beiträge auf das Wesentliche gekürzt. Aussagen, die für das Unternehmen wichtig sind, werden notiert.

Beispiel:

Herr Müller stellt fest, dass es … ist.
Frau Huber meint, dass es … sei.

Praxis-Tipp:

- Die Wahl der geeigneten Protokollform ist abhängig vom Verwendungszweck und von betriebsinternen Vorschriften, außerdem davon, ob die Aussagen personen- oder sachbezogen sein müssen.

- Je nach Notwendigkeit wird das Protokoll ausführlicher oder knapper, formstrenger oder freier ausgearbeitet. Hier sind die Erfahrung und das Fingerspitzengefühl des Protokollführers gefordert.

Checkliste: Protokoll-Gestaltung

- **Bestandteile**

  Protokollkopf
  Hauptteil
  Schluss

- **Protokollkopf und Reihenfolge**

  Die Reihenfolge der einzelnen Bestandteile ist nicht zwingend vorgeschrieben. Der folgende Vorschlag zeigt ein bewährtes und viel verwendetes Muster:

  – Name des Veranstalters
  – Überschrift
  – Teilnehmer
  – Orts- und Zeitangaben
  – Besprechungsgegenstand

- **Tagesordnungspunkte (TOP)**

  TOPs erleichtern die klare Gliederung eines Protokolls und lassen auf einen Blick erkennen, um welchen Inhalt es sich handelt.

Muster für Ergebnisprotokoll

(Firmenname)

Protokoll
über eine außerordentliche Sitzung der Geschäftsleitung

Teilnehmer: …, Geschäftsleitung
…, Personalabteilung
…, Marketingabteilung

Ort: …
Tag: …
Zeit: …

Tagesordnung: 1. Umsatzrückgang
2. Werbung
3. Personalbedarf

Protokollführung: …

TOP 1 Umsatzrückgang

Für das erste Halbjahr ist ein Umsatzrückgang von etwa 15 % zu verzeichnen. Der Vorschlag, das Sortiment auszuweiten, wird mit Zurückhaltung aufgenommen. Eine Projektgruppe soll die Ursache des Umsatzrückgangs feststellen und Verbesserungsvorschläge ausarbeiten.

Ergebnis: Herr/Frau … wird eine Projektgruppe bilden, um Vorschläge zur Umsatzsteigerung auszuarbeiten.

Protokolle, Akten- und Telefonnotizen

TOP 2 Werbung

Da bisher nur 30 % des Jahreswerbeetats freigegeben wurden, beantragt Herr/Frau … die restlichen Mittel. Man kommt jedoch überein, die Vorschläge der Projektgruppe abzuwarten, um ausreichende Mittel für eine größere Werbeaktion zur Verfügung zu haben. Der erforderliche Betrag soll von der Projektgruppe ermittelt werden.

Ergebnis: Die Projektgruppe wird beauftragt, die Kosten einer Werbeaktion festzustellen.

TOP 3 Personalbedarf

Aus dem zentralen Schreibdienst sind Ende Juni drei Damen ausgeschieden. Dies hat dazu geführt, dass Briefe teilweise mit mehrtägigen Verspätungen den Betrieb verlassen. Hieraus ergaben sich eine Reihe von Beschwerden. Es ist daher erforderlich, mindestens zwei Phonotypistinnen einzustellen.

Ergebnis: Herr/Frau … wird beauftragt, sofort zwei Phonotypistinnen für den zentralen Schreibdienst einzustellen.

Ort, Datum:

Angefertigt: Für die Richtigkeit:

....

Unterschrift   Unterschrift

Verteiler:

Wichtig: Die häufigste Protokollart ist das Ergebnisprotokoll in formloser Gestaltung – oder mit Maske erstellt (siehe folgenden Muster-Vordruck). Ein Ergebnisprotokoll wird immer in der Gegenwartsform (= Präsens) geschrieben.

Muster-Vordruck für Ergebnisprotokoll

Ergebnisprotokoll

An	Veranstalter Tel.	Eingangsvermerke
	Moderator	
	Protokollführer	

am (Tag) dem	von – bis Uhr	Ort/Raum

Thema

Teilnehmer	Unterrichtete
Dienststelle/Standort Name	Dienststelle/Standort Name

Ergebnis	Erledigung wer, wann?

Unterschrift/Datum

Muster für Kurzprotokoll

(Firmenname)

Protokoll
über eine Besprechung der Organisations- und Personalabteilung

Teilnehmer:	…, Verwaltung
	…, Organisation
	…, Personalabteilung
	…, Architekt

Protokollführung: …

Ort: …
Tag: …
Zeit: …

Tagesordnung: 1. Parkplätze

2. Phonodiktat

3. Telefonbildschirmgeräte

TOP 1 Parkplätze

Das nicht mehr benötigte Außenlager soll zu einem Parkplatz für die Kraftfahrzeuge der Betriebsangehörigen umgebaut werden. Herr Architekt Klopfer wird in den nächsten Tagen eine Bauanfrage an das Bauordnungsamt richten und danach Planungsvorschläge erstellen.

TOP 2 Phonodiktat
In den ersten Monaten des kommenden Jahres wird für alle Abteilungen das Phonodiktat verbindlich eingeführt. Dazu werden weitere zehn Diktiergeräte der Marke … angeschafft.

TOP 3 Telefonbildschirmgeräte

Die Organisationsabteilung wird beauftragt, bis zum 1. Februar kommenden Jahres festzustellen, ob für den Vertrieb der Einsatz eines Telefonbildschirmgerätes organisatorisch und wirtschaftlich vertretbar ist.

Ort, Datum:

Angefertigt:	Für die Richtigkeit:
....	....
Unterschrift	Unterschrift

Verteiler:

Wichtig: Auch ein Kurzprotokoll wird immer in der Gegenwartsform (= Präsens) geschrieben.

Muster für Aktennotiz

Die Direktion ...	
Aktennotiz	
Tag der Besprechung	
Betreff	Anschaffung von Personalcomputern Anschaffung von Diktiergeräten
Gesprächspartner	
Inhalt des Gespräches	Frau ... berichtete, dass es immer schwieriger werde, die für den Betrieb optimale Software zu finden. Sie schlug vor, die Entwicklung des neuen Schreibprogrammes „WINWORD" abzuwarten. Herr Direktor ... möchte WINWORD auch für

noch: Muster für Aktennotiz	
	die Abteilungssekretariate im Zweigwerk in … anschaffen. Herr … beruft sich auf die Erfahrungen im Verkauf und schlägt vor, zusätzlich für alle Abteilungen im Hause den neuen Drucker … zu kaufen.
Erledigungsvermerk Ort und Datum	Herr Direktor … beauftragte Herrn …, die Anzahl der Schreibprogramme und der Drucker festzustellen.
Aufgenommen von	
Verteiler	

Wichtig: Eine Aktennotiz wird in der Vergangenheitsform (= Imperfekt) geschrieben.

Muster für Telefon- und Gesprächsnotiz

Um ein eingehendes Gespräch perfekt aufnehmen zu können, ist es für Sie *unerlässlich*, die amtliche und internationale Buchstabiertafel zu beherrschen.

Praxis-Tipp:

Wenn Sie die amtliche Buchstabiertafel beherrschen, werden Sie als kompetenter Gesprächspartner respektiert.

Wichtig: Eine Telefon- bzw. Gesprächsnotiz wird immer in der Vergangenheitsform (= Imperfekt) geschrieben.

Muster für Gesprächsnotiz

☐ Herr   ☐ Frau   ☐ Frl.

Firma

Straße	Ort

Tel.	Datum

Uhrzeit   8 9 10 11 12 13 14 15 16 17 18

persönlich	telefonisch

Betreff:

aufgenommen	weiter an

bearbeitet	am

durch   ☐ Telefon   ☐ Brief   ☐ Besuch   ☐ Telex

Amtliche Buchstabiertafel:

Anton Ärger Berta Cäsar Dora Emil Friedrich Gustav Heinrich Ida Julius Kaufmann Ludwig Martha Nordpol Otto Ökonom Paula Quelle Richard Samuel Schule Theodor Ulrich Übermut Viktor Wilhelm Xanthippe Ypsilon Zacharias

---

Amtliche und internationale Buchstabiertafel

Inland	International	Englisch	Französisch
Anton	Amsterdam	Able	Anatol
Ärger			
Berta	Baltimore	Baker	Berthe
Cäsar	Casablanca	Charly	Cesar
Dora	Dánemark	Dog	Desire
Emil	Edison	Easy	Emile
Friedrich	Florida	Fox	Francois
Gustav	Gallipoli	George	Gaston
Heinrich	Havana	How	Henri
Ida	Italia	Item	Isidore
Julius	Jerusalem	Jack	Jean
Kaufmann	Kilogramm	King	Kleber
Ludwig	Liverpool	Love	Louis
Martha	Madagascar	Mike	Marie
Nordpol	New York	Nancy	Nicolas
Otto	Oslo	Oboe	Oscar
Ökonom			
Paula	Paris	Peter	Paul/Pierre
Quelle	Quebec	Queen	Quebec
Richard	Roma	Roger	Robert
Samuel	Santiago	Sugar	Suzanne
Schule			
Theodor	Tripoli	Tommy	Theopile
Ulrich	Uppsala	Uncle	Ursule
Übermut			
Viktor	Valencia	Victor	Victor
Wilhelm	Washington	William	Wagon
Xanthippe	Xanthippe	X-Ray	Xavier
Ypsilon	Yokohama	Yoke	Yvonne
Zacharias	Zürich	Zebra	Zoe

Telefonliste

Die Telefonliste ist eine Gedächtnisstütze und Checkliste, etwa bei Abwesenheit der Vorgesetzten. Bewährt haben sich in der Praxis PC-Vordrucke.

Hier ein Beispiel:

Firma	Anrufer	Betreff	Datum/Uhrzeit	Weitergeg. an

Telefonnotizen, entgegengenommen von:

Englische Korrespondenz

Diese formellen Schreibweisen helfen Ihnen bei Ihrer englischen Korrespondenz:

Anrede

- Wenn Ihnen der Name des Empfängers nicht bekannt ist: Dear Sir, dear Madam
  Dear Managing Director
- Wie Sie per „Sie" sind: Dear Mr, Dear Ms, Dear Mrs, Dear Miss Miller
- Wenn der Anzuschreibende ein Freund oder Geschäftsfreund ist: Dear Oguz

Betreff

With reference to/Thank you for

- … your phone call today
- … your letter of 5th April

Anlagen: Enc./Enclosures

- I am enclosing …
- Please find enclosed …
- Enclosed you will find …

Praxis-Tipp:

Nach dem Betreff schreiben Sie das erste Wort des Textes immer groß. Das gilt auch für die Schlussformulierung.

Schluss

Wenn Ihnen der Name nicht bekannt ist, benutzen Sie bitte die Formulierung „Yours faithfully". **Wichtig:** In Great Britain zwingende Vorschrift, nicht in den USA.

- „Yours sincerely", wenn Sie Ihren Geschäftspartner mit Namen anreden
- „Best wishes", wenn Sie freundschaftliche Geschäftskontakte pflegen
- „Best regards", wenn Sie Ihren Geschäftspartner mit Vornamen anreden

E-Mails: Virtuelle Geschäftsbriefe

5

Der Kl@mmer@ffe ist nicht mehr wegzudenken!

In der heutigen schnelllebigen Geschäftswelt ist das Arbeiten auf dem digitalen Weg nicht mehr wegzudenken. Die täglich anfallende Geschäftspost, deren Inhalte schnell bearbeitet werden müssen, erhalten unsere PCs stündlich im Zeichen des Kl@mmer@ffens. Kein zusätzlicher Arbeitsaufwand ist notwendig, wenn die Post archiviert, weitergeleitet und beantwortet werden soll.

Vorteile der E-Mails

- Schneller als Briefe
- Bequemer als Faxe
- Preisgünstiger als das Telefon

Nachteile beim normalen Postweg

- Notieren oder diktieren, schreiben, drucken, Postversand
- Faxen: Papierstau
  Besetztzeichen
- Telefon: Der Empfänger muss ständig anwesend sein.

E-Mails gehören zu den modernsten Kommunikationsarten.

Fünf wichtige Tipps für E-Mails

Postfach

Sind Sie Kunde bei einem Internet-Provider oder Online-Dienst, erhalten Sie ein E-Mail-Postfach, z. B.: (Name)@aol.com.

Auch wenn Sie keinen eigenen Rechner oder Internet-Zugang besitzen, können Sie sich einen persönlichen digitalen Briefkasten einrichten – ein so genanntes Web-Postfach.

Es funktioniert von jedem Rechner, der online ist, z. B. aus der Firma oder einem Internet-Café. Der Briefkasten wird wie eine Internet-Adresse „angesurft".

Programme

Mit E-Mail-Software ordnen Sie Ihr Postfach. Ein solches Programm sollte mehrere digitale Briefkästen bei unterschiedlichen Providern verwalten können. Außerdem sollte es ein Schreibprogramm besitzen für Textformatierungen, wie Kursiv- oder Fettschrift. Auch ein Adressbuch ist notwendig, das Anschriften in Untergruppen ordnen kann.

Achtung: Es wäre ideal, wenn eine solche Datenbank zu Ihrer normalen Textverarbeitung auf dem Rechner kompatibel ist.

Korrespondenz

Hier der typische E-Mail-Briefkopf:
- „An" oder „Senden an":
  Empfänger-Adresse eintragen
- Cc (Carbon copy = Durchschlag):
  Kopie an weitere Empfänger
- Bcc (Blind carbon copy = Blindkopie):
  Der hier aufgeführte Adressat erhält eine Kopie, ohne dass die anderen Empfänger davon wissen.
- Betreff:
  Kennzeichnung der Nachricht durch ein Stichwort/Leitwort.

Datei anhängen

Mit E-Mail können Sie außer Texten auch ganze Dateien mit „Tönen", Fotos oder Grafiken verschicken. Der Name dafür: Attachments.

Verschlüsseln/Sichern

Bis zu 200 Benutzer können Ihre Sendung im Netz lesen. Sie kann sogar umformuliert werden. Schützen Sie Ihre Post durch „Verschlüsseln". Es gibt für private Benutzer eine Software.

Aber nicht jedes Unternehmen erlaubt seinen Angestellten solch eine Software. In diesem Fall sollten Sie ein Web-Postfach eröffnen. FREEMAIL von web.de kodiert und bietet dadurch eine sichere Lösung.

Ihre E-Mail von A bis Z

Die Symbole in Ihrem Fenster

- **Adresse**
  Anklicken und das Adressbuch öffnet sich.

- **Anfügen**
  Anklicken und Sie können Dateien auswählen,
  die der E-Mail beigefügt werden sollen.

- **Anführen**
  Anklicken – kopiert Zeilen aus Ihrer Post, die Sie im
  Antwortschreiben übermitteln möchten.

- **Drucken**
  Anklicken und Ihre geöffnete E-Mail wird ausgedruckt.
  Mehrere Nachrichten können nicht auf einmal
  ausgedruckt werden.

- **Optionen**
  Anklicken und Sie erhalten eine Antwort auf Fragen:
  Möchten Sie eine Empfangsbestätigung?
  Soll Ihre Mail verschlüsselt/gesichert werden?

- **Rechtschreibung**
  Anklicken und Ihre Nachricht wird geprüft auf
  Rechtschreibfehler.

- **Senden**
  Anklicken und das Programm startet die Übertragung.

- **Sicherheit**
  Anklicken und Sie führen die Verschlüsselung durch.

- **Speichern**
  Anklicken und Ihre Mail wird gespeichert.

- **Stopp**
  Anklicken und Sie unterbrechen den Empfang von besonders umfangreichen E-Mails.

Empfänger

- **An**
  Hier bitte den Hauptempfänger eintragen.

- **Cc**
  Hier bitte die Empfänger eintragen, die eine Kopie erhalten sollen.

- **Bcc**
  Hier bitte die Empfänger eintragen, die eine Kopie erhalten sollen, auf der Empfängerliste aber nicht auftauchen sollen.

Betreff/Titel

Hier definieren Sie die Dringlichkeit Ihrer E-Mail.
Eine wichtige Nachricht wird beim Empfänger extra hervorgehoben!

Abschluss

Schließen Sie Ihre Mail mit:
- Gruß
- Firmenbezeichnung
- Vor- und Zuname des Absenders
- Adresse
- Telefonnummer
- Faxnummer
- E-Mail-Adresse
- Internet-Adresse

„Netiquette": Internet-Knigge für E-Mails

Umgangsformen sind eine Voraussetzung für den reibungslosen Ablauf im Geschäftsleben; dies gilt auch für die virtuelle Welt des Internets.

Checkliste: Netiquette

- Benutzen Sie die Groß- und Kleinschreibung.

- Wenn Sie Wörter hervorheben möchten, verwenden Sie diese Zeichen:

  - * Sternchen* für Fettdruck

  - ___Unterstreichen___ für Unterstreichungen

  - /Schrägstriche/ für Kursivschrift

- Verwenden Sie keine Sonderzeichen und HTML-Formatierungen. Viele E-Mail-Programme können diese Ziffern nicht lesen.

- Bei einer Nachricht von mehr als 100 Zeilen setzen Sie bitte in der Betreff-Zeile das Wort „long" mit ein.

- Beachten Sie bitte, dass Ihre E-Mails nicht automatisch gesichert sind. Verschlüsseln Sie Ihren Brief!

- Bitte informieren Sie den Absender, wenn Sie seine Fragen nicht sofort beantworten können.

- „Smileys", die Gefühle visualisieren oder einfach nur Spaß machen, haben in der Geschäftspost nichts verloren!

- Wenn Sie Ihre Geschäftskorrespondenz aus Zeitgründen per E-Mail schicken, bringen Sie den Hinweis an: „Dieses Schreiben ist auch ohne Unterschrift rechtsgültig."

Persönliche Briefe für Jubiläen, Geburtstage und sonstige Anlässe

6

Etikette für persönliche Briefe

- Glückwunschschreiben auf Geschäftspapier (ohne Anschriftenfeld, Bezugszeichenzeile usw.) schreiben.

- Kondolenzbriefe: Schwarz umrandetes Briefpapier sowie schwarz umrandete Briefumschläge sind der trauernden Familie und dem engsten Freundeskreis vorbehalten.

- Glückwunschschreiben usw. sollten mit der Hand geschrieben werden, da sie persönlicher wirken.

- Durch die Hektik der Arbeitswelt werden Glückwunschschreiben meistens mit dem PC geschrieben. Beachten Sie dabei: Anrede, Grußformel und Unterschrift immer handschriftlich, um die persönliche Note zu bewahren (gemeint ist hier der Füllfederhalter, nicht Kugelschreiber und sonstiges Schreibgerät).

- Auf Glückwunschschreiben und Kondolenzbriefe auch das Datum des Ereignisses schreiben.

- Datum ausschreiben: 22. August 20..

- Der Brief sollte nicht länger als eine Seite sein.

- Mitgesandte Präsente nur wenn unbedingt nötig im Glückwunschschreiben hervorheben.

- Erhaltene Präsente werden im Dankschreiben selbstverständlich erwähnt.

- Persönliche Briefe mit Briefmarken freimachen, um die persönliche Note zu wahren.

Im Geschäftsleben begegnen uns tagtäglich Freud und Leid. Zu den schwierigsten Aufgaben der Mitarbeiter in der Chefetage gehört es, Glückwünsche und niveauvolle Kondolenzbriefe zu formulieren.

Für Sie ist es nicht immer leicht, unter Zeitdruck die treffenden Worte zu finden. Dadurch bewegen Sie sich auf einer nicht ungefährlichen Gratwanderung, da Sie in der Hektik der Tagesarbeit Ihr Sprachgefühl nicht richtig einsetzen können.

Wichtig: Die folgenden Musterbriefe stellen nur eine Auswahl möglicher Anlässe dar und dienen Ihnen als Formulierungsvorschläge, die jederzeit individuell abgeändert werden können – für jeden Anlass passend, treffsicher und niveauvoll.

Musterbriefe
für Geburtstage und Danksagung

1. Musterbrief

Sehr geehrter Herr …,

zu Ihrem Geburtstag die herzlichsten Glückwünsche der … Geschäftsstelle und meine ganz persönliche Gratulation.

Wir wissen es zu schätzen, dass sich Persönlichkeiten unserer Industrie, die im eigenen Unternehmen bis an die Grenzen ihrer Belastbarkeit gefordert sind, darüber hinaus noch für die gemeinsamen Interessen unserer Branche einsetzen. Sie haben über lange Jahre hinweg ein solches Engagement gezeigt, wofür wir Ihnen danken.

Für das kommende Lebensjahr und darüber hinaus wünschen wir Ihnen weiterhin Tatkraft, Entschlossenheit und viel Glück.

Mit freundlichen Grüßen

2. Musterbrief

Lieber Herr …,

mit dem heutigen Geburtstag treten Sie in ein neues Lebensjahrzehnt ein. Noch liegt Ihnen für die Gestaltung Ihres Lebensweges und die Verwirklichung Ihrer Wünsche und Vorstellungen alles offen.

Nutzen Sie diese Jahre und die Chancen, die sich Ihnen bieten!

Dazu wünscht Ihnen von Herzen viel Glück

Ihr

3. Musterbrief

Lieber …,

mit Ihrem heutigen Geburtstag vollenden Sie Ihr zweites Lebensjahrzehnt und damit Ihren ersten Lebensabschnitt, den Sie als Kind und Heranwachsender überwiegend im Elternhaus eingebettet verlebt haben. Eindrücke, Gelerntes und Erfahrenes aus dieser Zeit werden Sie künftig begleiten und Ihr Leben mitbestimmen.

Möge es Ihnen vergönnt sein, in dem neuen Lebensjahrzehnt Ihre Eigenschaften und Fähigkeiten beruflich sowie im persönlichen Bereich zur Geltung zu bringen und dabei die Gunst der Stunde zu nutzen. Dazu wünsche ich Ihnen viel Glück.

Mit herzlichem Gruß

4. Musterbrief

Sehr geehrter Herr …,

zu Ihrem 50. Geburtstag gratuliere ich Ihnen herzlich.

Für die Zukunft wünsche ich Ihnen viel Glück, und dass Sie weiterhin so erfolgreich wie bisher und bei bester Gesundheit für Ihr Unternehmen tätig sein können.

Mit freundlichen Grüßen

5. Musterbrief

Lieber Herr …,

ich kenne Sie seit vielen Jahren in angenehmer Zusammenarbeit.

Umso herzlicher gratuliere ich Ihnen zum 50. Geburtstag und wünsche Ihnen weiterhin Glück, Erfolg und Gesundheit. Erhalten Sie sich diese ganz besonders für Ihre Familie und ein bisschen auch für uns!

Auf weitere so gute Zusammenarbeit und persönliches Wohlergehen für Sie und Ihre Familie

Ihr

6. Musterbrief

Sehr geehrter Herr …,

zu Ihrem 50. Geburtstag meine aufrichtigen Grüße, meine besten Wünsche für Sie an diesem Tage und für Ihr neues Lebensjahrzehnt.

Bei aller Dynamik und dem gewohnten Blick nach vorn gibt ein solcher Geburtstag auch Anlass zur Rückschau. Mit wachsendem Abstand verblassen erfahrungsgemäß manche Begebenheiten und werden verdrängt von den nachhaltig positiven Ereignissen und Begegnungen.

Für Ihren weiteren Lebensweg an der Spitze Ihres Unternehmens wünsche ich Ihnen alles Gutes. Neben der Gesundheit, die immer wertvoller wird, möge Ihnen eine stets glückliche Hand sowie ein weiterhin nachhaltiger Erfolg beschieden sein.

Mit sehr herzlichen Grüßen

7. Musterbrief

Sehr geehrte …,

zu meinem … Geburtstag habe ich eine Vielzahl von Glückwünschen, Blumen und Geschenken erhalten.

Da es mir leider nicht möglich ist, jeden Gratulanten einzeln persönlich anzuschreiben, möchte ich mich auf diesem Wege für die Grüße, Glückwünsche und Aufmerksamkeiten bedanken.

Sie alle haben mir eine große Freude bereitet.

Mit herzlichem Gruß

8. Musterbrief

Sehr geehrter Herr …,

über die vielen persönlichen und schriftlichen Glückwünsche sowie die liebevoll ausgesuchten Geschenke zu meinem 50. Geburtstag habe ich mich sehr gefreut.

Ich danke allen, die von nah und fern kamen, um mit mir dieses Ereignis zu feiern. Durch diese freundschaftliche Begegnung wurde dieser Tag zu einer schönen und wertvollen Erinnerung für mich.

Ihre Glückwünsche haben mir eine ganz besondere Freude bereitet.

Herzlichst

Musterbriefe für Heirat und Danksagung

1. Musterbrief

Liebes Brautpaar,

möge der heutige Tag für Sie unvergessen bleiben als der Beginn eines gemeinsamen, langen und glücklichen Weges voller Liebe, Glück und Lebenskraft in guten und in schlechten Tagen.

Herzlichen Glückwunsch

2. Musterbrief

Liebe ...,

die Flitterwochen sind vorbei und nun beginnt – so sagt man – der Ernst des Lebens.

Die vielen lieben Glückwünsche zu unserer Vermählung bringen uns fröhliche und dankbare Abende. Wie schön, dass auch Sie für unseren neuen Lebensabschnitt so nette Worte gefunden haben.

Wir danken Ihnen sehr, dass Sie uns Mut und Zuversicht geben, eine glückliche und lange Partnerschaft zu beginnen.

Mit herzlichen Grüßen

3. Musterbrief

Liebes Brautpaar …,

zu Ihrem heutigen Festtag übermittle ich Ihnen meine herzlichsten Grüße. Möge das Glück ein Leben lang anhalten und Ihnen in guten Tagen genug Kraft geben, um auch in schwierigen Lebenslagen fest zusammenzustehen.

Dazu wünsche ich Ihnen von ganzem Herzen ein gutes Gelingen.

Ihr

4. Musterbrief

Liebes Brautpaar,

manche Erinnerungen in unserem Leben sind wie guter Wein: Sie werden wertvoller, je länger sie reifen.

Ich wünsche Ihnen, dass Ihr Hochzeitstag für Sie zu einem solchen Erlebnis wird und sich alle Erwartungen, die Sie damit verbinden, in einer dauerhaften, glücklichen Ehe für Sie erfüllen.

Herzlichen Glückwunsch!

Ihr

Musterbriefe für Geburt und Danksagung

1. Musterbrief

Sehr geehrter Herr …,

zur Geburt Ihres Sohnes gratulieren wir Ihnen recht herzlich und wünschen Ihnen und Ihrer Familie alles Gute.

Mit freundlichen Grüßen

2. Musterbrief

Sehr geehrte Frau …,
sehr geehrter Herr …,

herzlichen Glückwunsch zur Geburt Ihrer Tochter …

Wir wünschen Ihnen, dass Sie Ihre kleine Tochter durch eine glückliche und unbeschwerte Kindheit führen dürfen.

Mit freundlichen Grüßen

3. Musterbrief

Sehr geehrte Frau …,
sehr geehrter Herr …,

zur Geburt Ihrer Tochter … gratuliere ich Ihnen sehr herzlich.

Ich wünsche Ihnen und Ihrer Familie viel Freude am Gedeihen Ihres Kindes und für Ihr persönliches Leben.

Mit freundlichen Grüßen

4. Musterbrief

Herzlichen Dank, liebe Frau ...,

dass Sie an der glücklichen und gesunden Geburt meiner Tochter mit Ihren freundlichen Worten so großen Anteil genommen haben. Die Freude war groß, als wir, meine Frau und ich, das kleine Päckchen öffnen durften.

Mit beigefügtem Foto von unserem Nachwuchs hoffen wir, auch Ihnen eine kleine Freude zu bereiten.

Ganz herzlichen Dank und mit freundlichen Grüßen von Ihrer überaus glücklichen Familie ...

Mit freundlichen Grüßen

5. Musterbrief

Liebe Frau ..., lieber Herr ...,

wir freuen uns mit Ihnen, dass es Ihnen, liebe Frau ... und Ihrem ... gut geht. Aber auch darüber, dass Sie, lieber Herr ..., die Geburt so blendend überstanden haben.

Wir hoffen, dass Ihr Kind eine gesunde und glückliche Zukunft vor sich hat, aber wir drücken Ihnen auch die Daumen, dass es nachts bald durchschläft.

Wir möchten Ihren Stammhalter alle gerne kennen lernen und dachten uns deshalb, dass ein Babytragegurt zur bequemen „Beförderung" von ... praktisch wäre.

Wir wünschen Ihnen eine sorgenfreie schöne Zeit und viel Freude mit Ihrem kleinen Sohn.

Mit herzlichen Grüßen
im Namen aller Mitarbeiter

Musterbriefe für Kondolenz/Beileid

1. Musterbrief

Lieber Herr …,

es fällt mir schwer, die richtigen Worte zu finden.

Die Gemeinsamkeit Ihrer Familie wird Ihnen die Kraft geben, den endgültigen Abschied hinzunehmen.

In tiefem Mitgefühl

2. Musterbrief

Liebe Frau …,

mit Ihnen trauern wir um einen außergewöhnlichen Menschen, der uns über viele Jahre hinweg ein wertvoller Mitarbeiter war.

Niemand wird Sie trösten können.

Ich kann Ihnen nur wünschen, dass Sie die Kraft finden, in dieser schweren Zeit Ihren Kindern beizustehen.

Ihr

3. Musterbrief

Sehr geehrte Damen und Herren,

zu dem plötzlichen Tod von Herrn … spreche ich Ihnen meine tief empfundene Anteilnahme aus.

Meine Mitarbeiter und ich haben Herrn …, auf dessen Rat wir uns immer verlassen konnten, sehr geachtet.

Durch seine verantwortungsbewusste Arbeit war er allen ein Beispiel.

Herr … wird uns sehr fehlen.

Mit stillem Gruß

4. Musterbrief

Sehr geehrte Damen und Herren,

der unerwartete Tod von Herrn … hat auch bei uns große Anteilnahme ausgelöst.

Alle, die diesen Mann gekannt haben, können ermessen, welch schwerer Verlust Sie getroffen hat. Der Tod hat ihm nun die Leitung seines Werkes aus den Händen genommen, mit dem er sich selbst ein Denkmal gesetzt hat.

Wir trauern mit Ihnen um diesen großen Unternehmer.

Mit stillem Gruß

5. Musterbrief

Sehr geehrter …,

mit Betroffenheit haben wir die Nachricht vom Tode des Herrn … erhalten und möchten Ihnen unser tief empfundenes Mitgefühl aussprechen.

Er hatte stets eine humorvolle Art. Sein geradliniges Wesen und seine ständige Bereitschaft führten zu einer guten Zusammenarbeit.

Trotz der schweren Krankheit nahm er noch großen Anteil an unseren gemeinsamen Zielsetzungen.

Für seine stete Hilfe bei der Lösung unserer Aufgaben bleiben wir ihm für immer dankbar.

Mit stillem Gruß

6. Musterbrief

Sehr geehrte Herren,

zum Tode von Frau … haben Sie uns Ihr Mitgefühl bekundet und in sehr einprägsamer Weise Ihr Wirken wie Ihre außergewöhnliche Persönlichkeit gewürdigt.

Für Ihre Anteilnahme an dem schweren Verlust, der unser Haus betroffen hat, danken wir Ihnen herzlich. Wir empfingen sie als Ausdruck freundschaftlicher Verbundenheit.

Mit freundlichem Gruß

Musterbriefe für Geschäfts-/Betriebs- sowie Dienstjubiläen

1. Musterbrief

Sehr geehrter Herr ...,

zu Ihrem Geschäftsjubiläum gratuliere ich Ihnen ganz herzlich und wünsche Ihnen in Ihrem Unternehmen weiterhin viel Erfolg sowie als bewährtem Steuermann eine „sichere Hand am Ruder".

Herzlichen Glückwunsch

2. Musterbrief

Liebe ...,

Sie feiern heute Ihr zehnjähriges Betriebsjubiläum. Dazu möchte ich Ihnen auch im Namen der Belegschaft recht herzlich gratulieren.

Durch Ihre Arbeitstreue, Ihre Einsatzbereitschaft sowie Ihr persönliches Engagement haben Sie den gemeinsamen Alltag angenehm beeinflusst und darüber hinaus zur erfolgreichen Entwicklung unseres Unternehmens beigetragen.

Dafür danke ich Ihnen besonders und wünsche allen Beteiligten, dass diese Zusammenarbeit noch lange Jahre fortdauern möge.

Ihr

3. Musterbrief

Sehr geehrter Herr ...,

zu Ihrem 25-jährigen Dienstjubiläum gratuliere ich Ihnen sehr herzlich.

In diesem Vierteljahrhundert haben wir 17 Jahre eng und gut zusammengearbeitet. Dafür danke ich Ihnen bei dieser Gelegenheit und wünsche Ihnen weiterhin erfolgreiches Schaffen, Glück und vor allem die notwendige Gesundheit.

Ihnen und Ihrer Familie
die besten Wünsche

4. Musterbrief

Sehr geehrte Herren,

für Ihre liebenswürdigen Glückwünsche und Worte anlässlich meines 25-jährigen Dienstjubiläums meinen herzlichen Dank.

Gerne erinnere ich mich heute der angenehmen Zusammenarbeit und des freundschaftlichen Verhältnisses zwischen unseren Häusern und hoffe, dass diese Verbindung von Bestand bleiben wird.

Mit freundlichem Gruß

5. Musterbrief

Sehr geehrter Herr …,

die zahlreichen Glückwünsche und anerkennenden Worte zu meinem 25-jährigen Dienstjubiläum haben diesem Tag einen unvergesslichen Erinnerungswert verliehen.

Ich danke Ihnen.

Die vielen Blumen habe ich dem Altersheim an der Uferstraße übergeben, wo sie noch einmal Freude bringen durften.

Mit besten Grüßen

Ihr

6. Musterbrief

Sehr geehrte Damen und Herren,

über Ihre freundliche Gratulation zu unserem 100-jährigen Firmenjubiläum haben wir uns sehr gefreut. Wir danken Ihnen dafür recht herzlich, insbesondere auch für das wertvolle Geschenk, das Sie uns durch Frau … und Herrn … überreichten.

Gleichzeitig möchten wir uns für die bisherige angenehme Geschäftsverbindung zwischen Ihrer Firma und unserem Hause herzlich bedanken.

Wir gehen in die Zukunft mit dem Bemühen, uns das Wohlwollen Ihrer Firma durch gute Leistungen zu erhalten, es zu vertiefen und weiter auszubauen.

Wir wünschen Ihnen für die Zukunft alles Gute und für Ihre Firma einen weiteren Aufschwung.

Mit freundlichen Grüßen

Musterbriefe für Genesungswünsche

1. Musterbrief

Sehr geehrter Herr …,

erst heute erfuhr ich, dass Sie erkrankt sind, sich aber inzwischen auf dem Wege der Besserung befinden.

Ich wünsche Ihnen baldige Genesung und nachhaltige Festigung Ihrer Gesundheit, auf dass Sie wieder so aktiv wie bisher in Ihrem erfolgreichen Architekturbüro tätig sein können.

Mit besten Wünschen und aufrichtigen Grüßen

Ihr

2. Musterbrief

Sehr geehrter Herr …,

vor einigen Tagen erfuhr ich, dass Sie erkrankten, nun aber wieder auf dem Wege der Besserung sind.

Ich wünsche Ihnen, dass Sie bald wieder gesund und tatkräftig Ihre Pläne verwirklichen können.

Mit herzlichem Gruß

Musterbriefe für Absage von Einladungen

1. Musterbrief

Sehr geehrter Herr ...,

die Herren ... und ... bedanken sich recht herzlich für die Einladung zur Eröffnung Ihrer neu erbauten Geschäftsräume.

Am ... findet jedoch in unserem Unternehmen eine Veranstaltung in größerem Umfang statt, bei der die von Ihnen eingeladenen Herren unabkömmlich sind. Bitte haben Sie dafür Verständnis.

Wir wünschen Ihrem Fest einen harmonischen Verlauf.

Mit freundlichen Grüßen

2. Musterbrief

Sehr geehrter Herr ...,

vielen Dank für Ihre Information über den Geburtstag von Herrn ... .

An dem Empfang kann ich jedoch aus Termingründen nicht teilnehmen. Ich werde aber meine persönlichen Glückwünsche schriftlich übermitteln.

Mit besten Grüßen

3. Musterbrief

Sehr geehrter Herr Bürgermeister,

über die Einladung zu Ihrer öffentlichen Verabschiedung habe ich mich sehr gefreut.

Leider kann ich an dieser Veranstaltung nicht teilnehmen, da ich mich an diesem Tag bereits im Urlaub befinde.

Unser Vertriebsleiter, Herr Prokurist ..., wird unser Haus bei der Feier vertreten.

Ihren Dank für die langjährige und angenehme Zusammenarbeit darf ich herzlich erwidern.

Für Ihre persönliche Zukunft wünsche ich Ihnen alles Gute, vor allem Gesundheit, und hoffe, dass wir uns bald wieder in netter Runde treffen werden.

Mit freundlichen Grüßen

4. Musterbrief

Sehr geehrter Herr Bürgermeister,

über die Einladung zu Ihrer Verabschiedung habe ich mich sehr gefreut und danke Ihnen vielmals.

Da ich jedoch wegen Reiseabwesenheit an dieser Veranstaltung nicht teilnehmen kann, wird unser Abteilungsleiter, Herr ..., unser Haus bei dieser Feier vertreten und die Gelegenheit wahrnehmen, unsere guten Wünsche zu überbringen.

Für Ihre persönliche Zukunft wünsche ich Ihnen vor allem Gesundheit und hoffe, dass wir uns bald wieder in der gewohnten Runde treffen werden.

Mit freundlichen Grüßen

Musterbrief für Geschäftsaufnahme/ Existenzgründung

Musterbrief

Sehr geehrte Damen und Herren,

mit großem Interesse haben wir die Gründungsphase der … verfolgt.

Ein bedeutsamer und wegweisender Entschluss ist in die Tat umgesetzt worden.

Uns ist es ein ganz besonderes Anliegen, Sie heute am Tag Ihrer Geschäftsaufnahme in Frankfurt sehr herzlich willkommen zu heißen und Ihnen mit Ihren Mitarbeitern für Ihre geschäftlichen Aktivitäten einen guten Start und eine erfolgreiche Entwicklung für die Zukunft zu wünschen.

Mit freundlichen Grüßen

Musterbriefe
für Weihnachts- und Neujahrsgrüße

1. Musterbrief

Sehr geehrter Herr …,

ein Jahr guter Partnerschaft geht zu Ende.

Wir danken Ihnen für die erfolgreiche Zusammenarbeit und wünschen Ihnen und Ihrer Familie gesegnete Weihnachten.

Für das neue Jahr Gesundheit, Glück und Erfolg!

Ihr

2. Musterbrief

Sehr geehrter Herr …,

ich wünsche Ihnen und Ihrer lieben Frau ein besinnliches Weihnachtsfest sowie einen heiter-beschwingten Übergang ins neue Jahr.

Mit herzlichem Gruß

3. Musterbrief

Sehr geehrte Damen und Herren,

für die bisher so vertrauensvolle Zusammenarbeit danken wir Ihnen herzlich.

Wir wünschen Ihnen erholsame Feiertage, persönliches Wohlergehen sowie Gesundheit und geschäftlichen Erfolg im neuen Jahr.

Mit herzlichen Grüßen

4. Musterbrief

Liebe Frau …,

ich wünsche Ihnen frohe und besinnliche Festtage und für 20.. all das, was Sie sich selbst am meisten wünschen.

Ihr

5. Musterbrief

Sehr geehrte Frau …,

das zu Ende gehende Jahr hat uns nicht geschont, aber hoffentlich auch Ihnen bei aller Arbeit Freude und Erfolg gebracht.

Das Gleiche wünschen wir Ihnen für das neue Jahr, dazu Glück und Gesundheit.

Mit herzlichen Grüßen

6. Musterbrief/Karte

Sehr geehrter Herr …,

mit herzlichem Dank an Ihre Mitarbeiter für die während des vergangenen Jahres aufgewandte Mühe und Aufmerksamkeit.

Mit freundlichem Gruß

7. Musterbrief/Karte

Sehr verehrte Frau …, sehr geehrter Herr …,

mit den besten Wünschen und herzlichen Grüßen für ein frohes, geruhsames Weihnachtsfest und ein gesundes, glückliches neues Jahr.

Ihr

8. Musterbrief

Sehr geehrte Familie …,

Festtage voll Harmonie, das wünschen wir Ihnen von Herzen.

Für das neue Jahr persönlichen und geschäftlichen Erfolg. Vor allem aber Gesundheit und Glück.

Ihre

9. Musterbrief

Sehr geehrte Damen und Herren,

ein arbeitsreiches, aber auch erfolgreiches Jahr geht zu Ende.

Wir danken Ihnen für die partnerschaftliche Zusammenarbeit.

Für die bevorstehenden Festtage wünschen wir Ihnen im Kreise Ihrer Angehörigen besinnliche Stunden und zum Jahreswechsel alles Gute.

Mit herzlichen Grüßen

10. Musterbrief

Sehr geehrter Herr ...,

ich wünsche Ihnen und Ihrer Familie besinnliche Weihnachtstage sowie Gesundheit, Glück und Zuversicht für 20..

Mit freundlichem Gruß

11. Musterbrief

Lieber Herr …,

mit großer Freude habe ich heute Ihre liebenswürdigen Grüße zu den kommenden Festtagen erhalten.

Wie aufmerksam von Ihnen, in dieser leider oft so hektischen Zeit noch ein paar persönliche und ansprechende Worte zu finden. Zeigt es aber doch auch, dass unsere geschäftlichen Beziehungen auf einer angenehmen persönlichen Beziehung beruhen. Ich hoffe, dass es weiterhin zu so positiven und erfolgreichen Verhandlungen zum Wohle beider Seiten kommen wird.

Ich wünsche Ihnen einen guten Jahresbeginn und entsprechende Erfolge im Geschäftsleben, vor allem aber auch Gesundheit und persönliches Wohlergehen.

Ihr

Weihnachts- und Neujahrsgrüße in englischer Sprache

- Merry Christmas

- Happy Christmas

- Merry Christmas und a Happy New Year

- Best Wishes for Christmas and the New Year

- Wishing you all a merry Christmas and Good Health in the coming year

- Wishing you health und success in the New Year

- We hope you have a nice Christmas and wish you all the best in the New Year

- We look forward to doing business with you again in the New Year and wish you all the best

Messe-Kommunikation

Wie jedes Jahr sind Messen ausgezeichnete Marketing-Instrumente. Schon die Einladung zur Messe ist Teil des werbewirksamen Auftritts, repräsentiert die beteiligten Unternehmen und zeigt die neuesten Trends. Die Musterbriefe helfen Ihnen bei der Umsetzung des Messe-Marketings.

1. Musterbrief

Ein Fachgespräch bringt oft neue Erkenntnisse.

Deshalb laden wir Sie heute ein zu einem Besuch an unserem Stand in Halle … Stand-Nr. …

Hier ein paar Infos für Sie vorab.

Sehen wir uns in …?

Mit freundlichen Grüßen

2. Musterbrief

Auf der Hannover-Messe sehen Sie unsere neuen Maschinen.

Dürfen wir Sie an unserem Stand in Halle … Stand-Nr. … begrüßen?

Mit diesem Schreiben erhalten Sie Ihre Eintrittskarte.

Auf ein Gespräch mit Ihnen freuen wir uns.

Mit freundlichen Grüßen

3. Musterbrief

Auch in diesem Jahr finden Sie uns an unserem Stand Nr. … in Halle … wieder.

Es lohnt sich bestimmt für Sie, bei Ihrem Rundgang uns mit einzuplanen.

Sehen wir uns in …?

Mit freundlichen Grüßen

4. Musterbrief

Zur Messe sehen Sie interessante Neuigkeiten an unserem Stand Nr. …

Bitte, besuchen Sie uns in Halle … .

Wir hoffen, Sie vergessen uns nicht auf Ihrem Rundgang.

Sie sind bei uns willkommen.

Mit freundlichen Grüßen

5. Musterbrief

Da Sie zu den Experten gehören, an deren Besuch wir besonders interessiert sind, erhalten Sie heute Ihre Eintrittskarte.

Sie finden uns in …

Halle … Stand-Nr. …

Sehen wir uns an einem der Messetage? Auch für Sie gibt es sicher etwas Interessantes an unserem Stand zu sehen.

Mit freundlichen Grüßen

Inhouse-Seminare mit Bärbel Wedmann

- Corporate Wording –
  Geschäftsbriefe geschickt formulieren
  Briefkultur gefragt wie nie zuvor

- Das funktionale Sekretariat:
  Der Mischarbeitsplatz Sekretariat/Sachbearbeitung

- Die kompetente Mitarbeiterin der Chefetage:
  Qualifizierte Management-Assistenz: Der Weg nach oben …

- Image- und Persönlichkeitstraining
  Durch stilvolles und sicheres Auftreten das Image
  des eigenen Unternehmens verkörpern

Seit 1994 Intensiv-Lehrgang „Geprüfte Management-Assistentin" (FIM)

in Zusammenarbeit mit wissenschaftlichen Mitarbeitern der Westfälischen Wilhelms-Universität Münster und der Gerhard-Mercator-Universität Duisburg, Fachanwälten aus Münster und Nürnberg sowie Führungskräften im Top-Management.

Weitere Informationen:

FIM Fachinstitut für Management
Bärbel Wedmann
Ahornstraße 56
82377 Penzberg/Oberbayern
Tel.:   08856 933056
Fax: 08856 933057
Mobil: 0172 5323579
E-Mail: b.wedmann@t-online.de
www.fim-online.com

Schnell nachschlagen

Schnell nachschlagen